D1985695

הגדה של פסח, מהדורת קורן מעוטרת

ሃጋዳ ሼል ፔሳህ የኮሬን እትም

קורן ירושלים

הגדה של פסח

ሃጋዳ ሼል ፔሳህ

הוצאת קורן ירושלים

הגדה של פסח, מהדורת קורן מעוטרת, עברית־אמהרית, 2010
The Haggada of Passover, Koren Illustrated Edition, bilingual Hebrew-Amharic, 2010

הוצאת קורן ירושלים בע״מ, ת.ד. 4044, ירושלים 91040
טל׳: 02-6330533 פקס: 02-6330534
Koren Publishers Jerusalem Ltd
POB 4044, Jerusalem 91040, Israel
Tél : 972.2.633.0533 Fax : 972.2.633.0534
POB 8531, New Milford, CT 06776-8531, USA

www.korenpub.com

© הזכויות על גופן קורן שמורות להוצאת קורן ירושלים בע״מ, 1962, 2010
נוסח ההגדה באמהרית, באדיבות הרב מנחם ולדמן
מבוסס על תרגום שנעשה בקהילת ״ביתא ישראל״ באדיס אבבה תשנ״ה (1995).
Koren Tanakh Font Copyright © 1962, 2010 Koren Publishers Jerusalem Ltd
Koren Siddur Font and Text Design Copyright © 1981, 2010 Koren Publishers Jerusalem Ltd.
The Amharic translation, courtesy of Rav Menachem Waldman, is based on
a translation done by the "Beta Israel" community of Addis Ababa, 1995.

תודתנו למוזיאון ישראל עבור האיורים מהגדת ארנה מיכאל, גרמניה, 1400 בקירוב
אוסף מוזיאון ישראל, ירושלים
Our thanks to the Israel Museum for the illustrations
from the Erna Michael Haggada, Germany, 1400,
Israel Museum Collection, Jerusalem.

בהפקת ספר זה הושקעו משאבים רבים, והעתקה ללא אישור תיחשב ל״גניבת דעת״ ולהפרת חוק זכויות יוצרים. אין לשכפל, להעתיק, לצלם, להקליט, לאחסן במאגר מידע, לשדר או לקלוט בכל דרך או בכל אמצעי אלקטרוני, אופטי, מכני או אחר, כולל השימוש בגופן קורן — כל חלק שהוא מן החומר שבספר זה. שימוש מסחרי או אישי מכל סוג שהוא בחומר הכלול בספר זה אסור בהחלט אלא ברשות מפורשת בכתב מהמו״ל.

Considerable research and expense has gone into the creation of this Haggada, and unauthorized copying may be considered geneivat da'at as well as a breach of Copyright law. No part of this Haggada (content or design including use of the Koren typefaces) may be reproduced in any format, including photocopies, for either personal or institutional use without the prior written authorization of the Publisher. The sole exception is brief quotations by a reviewer for purposes of written reviews in recognized newspapers, magazines or internet commentaries.

Printed in Israel 2010 נדפס בישראל

Hardcover: ISBN 978-965-301-333-9 כריכה קשה: מסת״ב
Paperback: ISBN 978-965-301-334-6 כריכה רכה: מסת״ב

מצות עשה
של תורה
לספר
בנסים
ונפלאות
שנעשו
לאבותינו
במצרים
בליל
חמשה עשר
בניסן
שנאמר
זכור
את היום הזה
אשר
יצאתם
ממצרים
כמו שנאמר
זכור
את יום השבת
ומנין
שבליל חמשה עשר
תלמוד לומר
והגדת לבנך
ביום ההוא וגו׳

רמב״ם, הלכות חמץ ומצה, פרק ז

የቦኩ ነገሮችን ማቃጠል

በአስራ አራተኛው ቀን ምሽት (ሰንበት ከዋለ በአስራ ሦስተኛው ቀን) ከዋክብት ከወጡ በኋላ በሻማ መብራት የቦኩ ነገሮች ይፈተሻል፡፡ ከፍተሻው በፊት እንዲህ ተብሎ ይባረካል፡-

ብሩክ አንተ እግዚአብሔር የዓለም ሁሉ ንጉሥ በትእዛዛቶችህ የቀደስከን የቦኩ ነገሮችን እድናቃጥል ያዘዝከን፡፡

ከፍተሻው በኋላ ያልተገኙ የቦኩ ነገሮችን ውድቅ ያደርጋል እንዲህም ይበል፡-

ያላየሁትና ያላቃጠልኩት የቦካና እርሾ ያለበት ነገር በእኔ ዘንድ ቢገኝ ውድቅ ይሁን፣ እንደ መሬት አቧራም ይሁን፡፡ *ይህን ሦስት ጊዜ የሚሉት አሉ*

በፋሲካ ዋዜማ ጥዋት እስከ አስር ሰዓት ድረስ የቦካውን ነገር ያቃጥላል ከዚያ በኋላ የቦኩ ነገሮችን ውድቅ ያደርጋል እንዲህም ይበል፡-

ያየሁትም ሆነ ያላየሁት እንዲሁም ያቃጠልኩትም ሆነ ያላቃጠልኩት የቦካና እርሾ ያለበት ነገር በእኔ ዘንድ ቢገኝ ውድቅ ይሁን፣ እንደ መሬት አቧራም ይሁን፡፡ ይህን ሦስት ጊዜ የሚሉት አሉ

ኢሩቭ ታብሽሊን (በበዓል ቀን ለሰንበት ምግብ ማብሰል)

በውጭ አገር ፋሲካ ማታ ረዕቡ ቀን ከዋለ ማፃና ሌላ የተበሰለ ምግብ በመውሰድ ኢሩቭ ታብሽሊን በማድረግ ይህ ቡራኬ ይባረካል፡፡

ብሩክ አንተ እግዚአብሔር የዓለም ሁሉ ንጉሥ በትእዛዛቶችህ የቀደስከን ኢሩቭ (በዝንቅ ምግብ በበዓሉ ለሰንበት እድናበስል) ያዘዝከን

ይህም ይባላል፡-

በዚህ ኢሩቭ (በተበሰለ ዝንቅ ምግብ በበዓል ቀን ለሰንበት) እድናበስል፣ እድንጋገር፣ መደበቅና ሻማ ለማብራት እንዲሁም በበዓሉ ቀን ለሰንበት የሚያስፈልገንን ሁሉ ለማዘጋጀት ለእኛና በዚች ከተማ ለሚኖሩ እስራኤል ሁሉ እንዲፈቀድል ይሁን፡፡

ביעור חמץ

אור לארבעה עשר (ואם חל בשבת – אור לשלושה עשר) מיד לאחר צאת הכוכבים
בודקין את החמץ לאור הנר. לפני הבדיקה מברכים:

בָּרוּךְ אַתָּה יהוה אֱלֹהֵינוּ מֶלֶךְ הָעוֹלָם
אֲשֶׁר קִדְּשָׁנוּ בְּמִצְוֹתָיו וְצִוָּנוּ עַל בִּעוּר חָמֵץ.

אחר הבדיקה מבטלים את החמץ שלא נמצא, ואומרים:

כָּל חֲמִירָא דְּאִכָּא בִרְשׁוּתִי
דְּלָא חֲזִיתֵיהּ וּדְלָא בִעַרְתֵּהּ
לִבְטִיל וְלֶהֱוֵי (הֶפְקֵר) כְּעַפְרָא דְאַרְעָא. ויש שחוזרים ואומרים נוסח זה שלוש פעמים.

ערב פסח שחרית, בשעה החמישית של היום, שורפים את החמץ
ואחר כך מבטלים את כל החמץ ואומרים:

כָּל חֲמִירָא דְּאִכָּא בִרְשׁוּתִי
דַּחֲזִיתֵהּ וּדְלָא חֲזִיתֵיהּ, דְּבִעַרְתֵּהּ וּדְלָא בִעַרְתֵּהּ
לִבְטִיל וְלֶהֱוֵי הֶפְקֵר כְּעַפְרָא דְאַרְעָא. ויש שחוזרים ואומרים נוסח זה שלוש פעמים.

עירוב תבשילין

בחוץ לארץ, אם חל ערב פסח ביום רביעי, עושים עירוב תבשילין.
נוטלים מצה ותבשיל ומברכים:

בָּרוּךְ אַתָּה יהוה אֱלֹהֵינוּ מֶלֶךְ הָעוֹלָם
אֲשֶׁר קִדְּשָׁנוּ בְּמִצְוֹתָיו וְצִוָּנוּ עַל מִצְוַת עֵרוּב.

ואומרים:

בְּדֵין עֵרוּבָא יְהֵא שָׁרֵא לָנָא לַאֲפוּיֵי וּלְבַשּׁוּלֵי
וּלְאַטְמוּנֵי וּלְתַקּוּנֵי וּלְאַדְלוּקֵי שְׁרָגָא
וּלְמֶעְבַּד כָּל צָרְכָנָא, מִיּוֹם טוֹב לְשַׁבָּת
לָנוּ וּלְכָל יִשְׂרָאֵל הַדָּרִים בָּעִיר הַזֹּאת.

קערת הסדר
የሴደሩ ማዕድ ሳህን

זרוע
ቅልጥም

ביצה
እንቁላል

מרור
ማሮር

חרוסת
ሃሮሴት

כרפס
ካርፓስ

חזרת
ሃዘሬት

קדש / ורחץ / כרפס / יחץ
מגיד / רחצה / מוציא מצה
מרור / כורך / שלחן עורך
צפון / ברך / הלל / נרצה

ቃዴሽ	קדש
ኡርሀጽ	ורחץ
ካርፓስ	כרפס
ያሀጽ	יחץ
ማጊድ	מגיד
ራሐጸ/ራሐጽ	רחצה
ሞጼ/ማጸ	מוציא מצה
ማሮር	מרור
ኮሬህ	כורך
ሹልሀን ኦሬኽ	שולחן אורך
ጸፎን	צפון
ባሬህ	ברך
ሀሌል	הלל
ንርጼ	נרצה

קדש *የመጀመሪያውን ብርጭቆ ይቀዳል፣ እያንዳንዱ የማዕዱ ተሳታፊ በቀኝ እጁ ጽዋውን ይይዛል፣ የቤቱ ባለቤት ከ ሌላው ሰው በሁለት እጁ ይቀበላል፣ ሰጬም በሁለቱ እጁ ይሰጠዋል። ከዚያ በኋላ ጽዋውን በቀኝ እጁ ይዞ ይባርካል*

በሰንበት ቀን ከዋለ ከዚህ ይጀምር፦

ማታም ሆነ ጥዋት በስድስተኛው ቀን ሰማይና ምድር ሠራዊታቸውም ሁሉ ተፈጸሙ። እግዚአብሔርም የሠራውን ሥራ በሰባተኛው ቀን ፈፀመ፤ ከሠራው ሥራም ሁሉ ዐረፈ። እግዚአብሔርም ሰባተኛውን ቀን ባረከው፣ቀደሰውም፤ እግዚአብሔር ሊያደርገው ከፈጠርው ሥራ ሁሉ በዚህ ቀን ዐርፎአልና።

በአዘቦት ቀን ከሆነ ከዚህ ይጀምር

እነዚህ የእግዚአብሔር በዓላት በየዘመናቸው የምታውጁአቸው
የተቀደሰ ጉባኤ ናቸው።
ሙሴም ለእስራኤል ልጆች የእግዚአብሔር በዓላት ተናገረ።

መምህራኖቼና ከቡራን ከፈ.ቃዳችሁ ጋር!!

ብሩክ አንተ እግዚአብሔር አምላካችን የዓለም ንጉሥ
የወይን ፍሬ የምትፈጥር።

ብሩክ አንተ እግዚአብሔር አምላካችን የዓለም ንጉሥ ከአሕዛብ ሁሉ የመረጥከን፣ ከቋንቋዎች ሁሉ ከፍ ከፍ ያደረከን በትዕዛዛትህ የቀደስከን፤ እግዚአብሔር አምላካችን በፍቅር በሰንበት ሰንበትን ለእረፍትና በዓላትን ለደስታ፣ ጊዚያቶችንና ዓመት በዓሎችን ለተድላ የሰጠኸን፤ በሰንበት ይህን የሰንበት ቀንና ይህን የቂጣ በዓል ቀን የነፃነታችን ጊዜ በሰንበት በፍቅር የግብጽን መውጣት ማስታዎሻ ለዚህ የተቀደሰ ጉባኤ፤ ከሕዝቦች ሁሉ እኛን የመረጥከን፤ እኛንም የቀደስከን፤ በሰንበት ሰንበትንና ቅዱሱን ጉባኤህን በሰንበት በፍቅርና በፍላጎት በደሰታና በተድላ ያወረስከን፤
ብሩክ አንተ እግዚአብሔር
በሰንበት ሰንበትን እስራኤልንና ጊዚያቶችን የምትቀድስ/ የምትባርክ።

קדש

מוזגים כוס ראשון. כל אחד מהמסובים אוחז כוסו בימינו.
בעל הבית מקבל הכוס בשתי ידיו משתי ידיו של אדם אחר, ואחר כך אוחז הכוס ביד ימינו ומקדש:

אם חל בשבת מתחיל כאן:

יוֹם הַשִּׁשִּׁי: וַיְכֻלּוּ הַשָּׁמַיִם וְהָאָרֶץ וְכָל־צְבָאָם: וַיְכַל אֱלֹהִים בַּיּוֹם הַשְּׁבִיעִי מְלַאכְתּוֹ אֲשֶׁר בראשית ב
עָשָׂה, וַיִּשְׁבֹּת בַּיּוֹם הַשְּׁבִיעִי מִכָּל־מְלַאכְתּוֹ אֲשֶׁר עָשָׂה: וַיְבָרֶךְ אֱלֹהִים אֶת־יוֹם הַשְּׁבִיעִי,
וַיְקַדֵּשׁ אֹתוֹ, כִּי בוֹ שָׁבַת מִכָּל־מְלַאכְתּוֹ, אֲשֶׁר־בָּרָא אֱלֹהִים, לַעֲשׂוֹת:

אם חל בחול מתחיל כאן:

אֵלֶּה מוֹעֲדֵי יהוה מִקְרָאֵי קֹדֶשׁ אֲשֶׁר־תִּקְרְאוּ אֹתָם בְּמוֹעֲדָם: ויקרא כג
וַיְדַבֵּר מֹשֶׁה אֶת־מֹעֲדֵי יהוה אֶל־בְּנֵי יִשְׂרָאֵל:

סברי מרנן

בָּרוּךְ אַתָּה יהוה אֱלֹהֵינוּ מֶלֶךְ הָעוֹלָם, בּוֹרֵא פְּרִי הַגָּפֶן.

בָּרוּךְ אַתָּה יהוה אֱלֹהֵינוּ מֶלֶךְ הָעוֹלָם, אֲשֶׁר בָּחַר
בָּנוּ מִכָּל עָם, וְרוֹמְמָנוּ מִכָּל לָשׁוֹן, וְקִדְּשָׁנוּ בְּמִצְוֹתָיו
וַתִּתֶּן לָנוּ יהוה אֱלֹהֵינוּ בְּאַהֲבָה שַׁבָּתוֹת לִמְנוּחָה
וּמוֹעֲדִים לְשִׂמְחָה, חַגִּים וּזְמַנִּים לְשָׂשׂוֹן, אֶת
יוֹם הַשַּׁבָּת הַזֶּה וְאֶת יוֹם חַג הַמַּצּוֹת הַזֶּה
אֶת יוֹם טוֹב מִקְרָא קֹדֶשׁ הַזֶּה, זְמַן חֵרוּתֵנוּ
בְּאַהֲבָה מִקְרָא קֹדֶשׁ זֵכֶר לִיצִיאַת מִצְרָיִם
כִּי בָנוּ בָחַרְתָּ וְאוֹתָנוּ קִדַּשְׁתָּ מִכָּל
הָעַמִּים, וְשַׁבָּתוֹת וּמוֹעֲדֵי קָדְשֶׁךָ
בְּאַהֲבָה וּבְרָצוֹן
בְּשִׂמְחָה וּבְשָׂשׂוֹן הִנְחַלְתָּנוּ.
בָּרוּךְ אַתָּה יהוה, מְקַדֵּשׁ הַשַּׁבָּת וְיִשְׂרָאֵל וְהַזְּמַנִּים.

ቅዳሜ ማታ ይህ ቡራኬ ይጨመራል፡-

ብሩክ አንተ እግዚአብሔር አምላካችን የዓለም ንጉሥ
የእሳትን ብርሃን የምትፈጥር!

ብሩክ አንተ እግዚአብሔር አምላካችን የዓለም ንጉሥ
(በቅዱስና በአዘቦት ቀን፣)
በብርሃንና በጨለማ፣
በእስራኤልና በአሕዛብ፣
በሰባተኛውና በስድስቱ የሥራ ቀናት መሀከል የሚለይ፣
ቅድስት ሰንበትን ከቅዱስ በዓል ቀን ለየኻት/ ለየኸው፣
ሰባተኛውን ቀን ከስድስቱ የሥራ ቀናት ቀድሰኸዋል፣
ለይተህ ሕዝብህን እስራኤልን በቅድስናህ ቀድሰሃል፤
ብሩክ አንተ እግዚአብሔር
በቅዱስና በቅዱስ መሀከል የምትለይ።

በዚህ ቡራኬ ማፃውን ጨምሮ በማስብ ግዴታውን ይወጣ

ብሩክ አንተ እግዚአብሔር
አምላካችን የዓለም ንጉሥ
ለዚህ ጊዜ በህይወት ያኖርከን፤
ያቆየኸንና ያደርስከን!!

ወደ ግራ ዘንበል በማለት ይጠጣ!

במוצאי שבת מוסיפים לפני ברכת שהחיינו:

בָּרוּךְ אַתָּה יהוה אֱלֹהֵינוּ מֶלֶךְ הָעוֹלָם
בּוֹרֵא מְאוֹרֵי הָאֵשׁ.

בָּרוּךְ אַתָּה יהוה אֱלֹהֵינוּ מֶלֶךְ הָעוֹלָם
הַמַּבְדִּיל בֵּין קֹדֶשׁ לְחֹל
וּבֵין אוֹר לְחֹשֶׁךְ
בֵּין יִשְׂרָאֵל לָעַמִּים
וּבֵין יוֹם הַשְּׁבִיעִי לְשֵׁשֶׁת יְמֵי הַמַּעֲשֶׂה
בֵּין קְדֻשַּׁת שַׁבָּת לִקְדֻשַּׁת יוֹם טוֹב הִבְדַּלְתָּ
וְאֶת יוֹם הַשְּׁבִיעִי מִשֵּׁשֶׁת יְמֵי הַמַּעֲשֶׂה קִדַּשְׁתָּ
הִבְדַּלְתָּ וְקִדַּשְׁתָּ אֶת עַמְּךָ יִשְׂרָאֵל בִּקְדֻשָּׁתֶךָ.
בָּרוּךְ אַתָּה יהוה הַמַּבְדִּיל בֵּין קֹדֶשׁ לְקֹדֶשׁ.

מכוונים לפטור בברכה זו גם אכילת המצה:

בָּרוּךְ אַתָּה יהוה
אֱלֹהֵינוּ מֶלֶךְ הָעוֹלָם
שֶׁהֶחֱיָנוּ וְקִיְּמָנוּ וְהִגִּיעָנוּ
לַזְּמַן הַזֶּה.

שותים בהסבת שמאל.

והגיענו לזמן הזה ׃ ונוטל ידיו ומברך
נטילת ידים ׃ ויקח אחר ומברכין עליו
ברוך אתה יי׳ אלהינו מלך
העולם בורא פרי
האדמה ׃
ויטבול בחומץ ובמילח או במי
ובמילח או בחרוסת ויתן לכל הח
החבורה ׃ ואחרכך יקח מצה ה
העליונה משלש מצות ויבקענה
לשנים וישים החצייה בין שתי ה
השלימות והחצייה האחרת תחת המפה
לאפיקומן ויסיר הבשר
והביצה והירק מן
הקערה וישים אותם על השלחן ׃
ויגבי שאר הירקות ברשים הרבה
לארץ ומגביהין הקערה והירקות
האמ עניא לחמא ׃

ורחץ כל דבר שטיבולו במשקה, מצריך נטילה בלא ברכה לפני אכילתו. נוטלים ידיהם בלא ברכה.

כרפס נוטל מן הכרפס פחות מכזית ומשאיר מעט בקערה, טובלו בחומץ או במי מלח ומברך (מכוון לפטור בברכה זו גם את המרור):

בָּרוּךְ אַתָּה יהוה
אֱלֹהֵינוּ מֶלֶךְ הָעוֹלָם
בּוֹרֵא פְּרִי הָאֲדָמָה.

נותן למסובים ואוכלים בלי הסבה.

יחץ מחלק את המצה האמצעית לשני חלקים.
מצפין את החלק הגדול לאפיקומן,
ומחזיר את החלק הקטן לבין שתי המצות השלמות.

ורחץ መታጠብ *እጆችህን ታጠብ ነገር ግን በእጅ መታጠብ ወቅት የሚባረከውን ቡራኬ አትባርክ።*

כרפס ካር.ፓስ *ከዛይት ያነሰ ካር.ፓስ ወስዶ በጨው ውሃ ይንከረውና እንዲህ ሲል ይባርካል፣*

ብሩክ አንተ እግዚአብሔር
አምላካችን የዓለም ንጉሥ
የምድርን ፍሬ የምትፈጥር።

יחץ ያህጽ (መቁረስ) *የቤቱ ባለቤት የመሀከለኛውን ማጻ ከሁለት ይቁረሰው፣*
ከፍ ያለውን ከፋይ ለአፊኮማን ይሸሽገው።
ትንሹን ባልተቆረሱት ሁለት ማፃዎች መካከል ያስቀምጠው

מגיד מגביה את המצה הפרוסה שהניח בין שתי השלמות ואומר:

בִּבְהִילוּ יָצָאנוּ מִמִּצְרָיִם

מגיד ማጊድ (መተረክ)

ቂጣውን ገልጦ ሳህኑን ከፍ በማድረግ ከፍ ባለ ድምጽ እንዲህ ይበል፤

הָא לַחְמָא עַנְיָא

דִּי אֲכַלוּ אֲבָהָתַנָא בְּאַרְעָא דְמִצְרָיִם
כָּל דִּכְפִין יֵיתֵי וְיֵכוֹל, כָּל דִּצְרִיךְ יֵיתֵי וְיִפְסַח
הָשַׁתָּא הָכָא. לַשָּׁנָה הַבָּאָה בְּאַרְעָא דְיִשְׂרָאֵל
הָשַׁתָּא הָכָא עַבְדֵי לַשָּׁנָה הַבָּאָה בְּאַרְעָא דְיִשְׂרָאֵל בְּנֵי חוֹרִין.

יש שחוזרים ואומרים נוסח זה שלוש פעמים.

ይህ

የድህ ቂጣ አባቶቻችን በግብጽ ምድር የበሉት ነው፤

የራበው ሁሉ ይምጣና ይብላ።
የሚያስፈልገው ሁሉ ይምጣና ፋሲካ ያድርግ።
በዚሕ ዓመት ከዚህ ነን፤
በሚመጣው ዓመት ግን በእስራኤል አገር፤
በዚህ ዓመት እዚህ ባሪያዎች ነን፤
በሚመጣው ዓመት ግን በእስራኤል አገር ነፃ ልጆች እንሆናለን።

מסלקים את הקערה ומוזגים כוס שני.
הבן שואל:

ሰሀኑን ከጠረጴዛው ያስወግድና ሁለተኛውን ፅዋ ይሞላል፤
አንድ ልጅ ወይም ከማዕዱ ተሳታፊዎች አንዱ እንዲህ ሲል ይጠይቃል።

מַה נִּשְׁתַּנָּה
הַלַּיְלָה הַזֶּה מִכָּל הַלֵּילוֹת

שֶׁבְּכָל הַלֵּילוֹת אֵין אָנוּ מַטְבִּילִין אֲפִלּוּ פַּעַם אֶחָת
וְהַלַּיְלָה הַזֶּה שְׁתֵּי פְעָמִים

שֶׁבְּכָל הַלֵּילוֹת אָנוּ אוֹכְלִין חָמֵץ אוֹ מַצָּה
וְהַלַּיְלָה הַזֶּה כֻּלּוֹ מַצָּה

שֶׁבְּכָל הַלֵּילוֹת אָנוּ אוֹכְלִין שְׁאָר יְרָקוֹת
וְהַלַּיְלָה הַזֶּה מָרוֹר

שֶׁבְּכָל הַלֵּילוֹת אָנוּ אוֹכְלִין וְשׁוֹתִין בֵּין יוֹשְׁבִין וּבֵין מְסֻבִּין
וְהַלַּיְלָה הַזֶּה כֻּלָּנוּ מְסֻבִּין

ይህ ሌሊት
ከሌሎች ሌሊቶች ሁሉ በምን ተለየ?

በሁሉም ሌሊቶች ያልቦካ ወይም የቦካ ቂጣ እንበላለን፤
በዚህ ሌሊት ግን ሁሉ ያልቦካ ቂጣ እንበላለን።

በሁሉም ሌሊቶች ሁሉንም ቅጠላቅጠል እንበላለን፤
በዚህ ሌሊት ግን ሁሉም መራራ እንበላለን።

በሁሉም ሌሊቶች አንድ ጊዜ እንኳ አንነክርም
በዚህ ሌሊት ግን ሁለት ጊዜ እንነክራለን።

በሁሉም ሌሊቶች ተቀምጠን ወይም ዘንበል ብለን ተዝናንተን እንበላለን፤
በዚህ ሌሊት ግን ሁላችን ዘንበል ብለን እንበላለን፡

הכא לשנה הבאה בארעא
דישראל השתא עבדי
לשנה הבאה בני חורין
נשתנה הלילה הזה מכל

ሃ ሰሀኑን ጠረጴዛው ላይ ያስቀምጥና ታሪኩን በሚተርከበት ሰዓት ማጻውን ይግለጠው

በግብጽ የፈርዖን

ባሪያዎች ነበርን።

ከዚያም እግዚአብሔር አምላካችን

በጽኑ እጅና በተዘረጋ ክንድ አወጣን።

እግዚአብሔር አባቶቻችን ከግብጽ ባያወጣቸው

ኑሮ ዛሬም እንዲሁ እኛም፣

ልጆቻችንም፣

የልጅ ልጆቻችንም በግብጽ የፈርዖን

ባሪያዎች እንሆን ነበር።

ምንም እንኳ ሁላችንም ሊቃውቶች

አስተዋዮችና ኦሪትን አዋቂዎች ብንሆንም የግብጽን

አወጣጥ እንድንተርክ ታዘናል።

የግብጽን አወጣጥ በብዛት የሚተርክ

ሁሉ የተመሰገነ ነው።

מחזירים את הקערה למקומה. עורך הסדר מגלה את המצות לאמירת ההגדה ואומר:

עֲבָדִים הָיִינוּ

לְפַרְעֹה בְּמִצְרָיִם

וַיּוֹצִיאֵנוּ יהוה אֱלֹהֵינוּ מִשָּׁם

בְּיָד חֲזָקָה וּבִזְרוֹעַ נְטוּיָה.

וְאִלּוּ לֹא הוֹצִיא הַקָּדוֹשׁ בָּרוּךְ הוּא

אֶת אֲבוֹתֵינוּ מִמִּצְרַיִם

עֲדַיִן אָנוּ וּבָנֵינוּ וּבְנֵי בָנֵינוּ מְשֻׁעְבָּדִים הָיִינוּ

לְפַרְעֹה בְּמִצְרָיִם.

וַאֲפִלּוּ

כֻּלָּנוּ חֲכָמִים, כֻּלָּנוּ נְבוֹנִים

כֻּלָּנוּ יוֹדְעִים אֶת הַתּוֹרָה

מִצְוָה עָלֵינוּ לְסַפֵּר בִּיצִיאַת מִצְרָיִם

וְכָל הַמַּרְבֶּה לְסַפֵּר בִּיצִיאַת מִצְרַיִם

הֲרֵי זֶה מְשֻׁבָּח.

አንድ

ጊዜ ራቢ ኤሊዔዜር፣
ራቢ ይሆሹአና ራቢ ኤላዛር የአዛሪያ ልጅ ራቢ አቂባና
ራቢ ጣርፎን በብኔ ብራቅ
ተማሪዎቻቸው መጥተው መምህሮቻችን!
የጥዋት ሽማ ይስራኤል የሚነበብበት
ጊዜ ደርሷል እስኪሉዋቸው ድረስ፣
ተቀምጠው ሌሊቱን ሁሉ ስለ
ግብጽ መውጣት ይተርኩ ነበር።

ራቢ ኤል ዓዛር የአዛሪያ ልጅ እንዲህ አለ፤
እነሆ እኔ እንደ ሰባ አመት ሰው ነኝ፤
ቤን ዞማ እስካስረዳ ድረስ የግብጽን መውጣት በሌሊት የሚነገር መሆኑን
ለመስማት አልቻልኩም።
እንደተባለው ከግብጽ ምድር የወጣህበትን ቀን
እድሜ ልክህን እንድታስታውስ፤
እድሜ ልክህን ማለት ቀኖችን፤
እድሜ ልክህን በሙሉ ግን ሌሊቶችን ማለቱ ነው።
ሊቃውንቶች ግን እንዲህ ይላሉ
እድሜ ልክህን ሲል ይህን ዓለም ነው።
እድሜ ልክህን በሙሉ ግን የመሲሁን ዘመን ማምጣት ነው።

מַעֲשֶׂה

בְּרַבִּי אֱלִיעֶזֶר וְרַבִּי יְהוֹשֻׁעַ וְרַבִּי אֶלְעָזָר בֶּן עֲזַרְיָה
וְרַבִּי עֲקִיבָא וְרַבִּי טַרְפוֹן
שֶׁהָיוּ מְסֻבִּין בִּבְנֵי בְרַק
וְהָיוּ מְסַפְּרִים בִּיצִיאַת מִצְרַיִם כָּל אוֹתוֹ הַלַּיְלָה
עַד שֶׁבָּאוּ תַלְמִידֵיהֶם וְאָמְרוּ לָהֶם
רַבּוֹתֵינוּ, הִגִּיעַ זְמַן קְרִיאַת שְׁמַע שֶׁל שַׁחֲרִית.

אָמַר רַבִּי אֶלְעָזָר בֶּן עֲזַרְיָה ברכות יב:
הֲרֵי אֲנִי כְּבֶן שִׁבְעִים שָׁנָה
וְלֹא זָכִיתִי שֶׁתֵּאָמֵר יְצִיאַת מִצְרַיִם בַּלֵּילוֹת
עַד שֶׁדְּרָשָׁהּ בֶּן זוֹמָא
שֶׁנֶּאֱמַר
לְמַעַן תִּזְכֹּר אֶת־יוֹם צֵאתְךָ מֵאֶרֶץ מִצְרַיִם דברים טז
כֹּל יְמֵי חַיֶּיךָ:

יְמֵי חַיֶּיךָ הַיָּמִים
כֹּל יְמֵי חַיֶּיךָ הַלֵּילוֹת.
וַחֲכָמִים אוֹמְרִים
יְמֵי חַיֶּיךָ הָעוֹלָם הַזֶּה
כֹּל יְמֵי חַיֶּיךָ לְהָבִיא לִימוֹת הַמָּשִׁיחַ.

ብሩኩ በቦታው እርሱ የተባረከ ይሁን፤

አሪትን ለሕዝቡ ለእስራኤል የሰጠ፤

ብሩክ ይሁን፤

እርሱ ብሩክ ነው።

አሪት
ስለ አራት ልጆች ትናገራለች።

አንዱ

ብልህ፤

አንዱ

ክፉ፤

አንዱ

የዋህና

አንዱ

መጠየቅ የማያውቅ።

בָּרוּךְ הַמָּקוֹם

בָּרוּךְ הוּא

בָּרוּךְ שֶׁנָּתַן תּוֹרָה לְעַמּוֹ יִשְׂרָאֵל

בָּרוּךְ הוּא

כְּנֶגֶד

אַרְבָּעָה בָּנִים דִּבְּרָה תוֹרָה

אֶחָד

חָכָם

וְאֶחָד

רָשָׁע

וְאֶחָד

תָּם

וְאֶחָד

שֶׁאֵינוֹ יוֹדֵעַ לִשְׁאֹל

ብልህ

ምን ይላል?

እግዚአብሔር አምላካችን ያዘዛቸው ምስክሮች፣

ሕግጋቶችና ፍርዶች ምንድን ናቸው?

አንተ ግን የፋሲካን ሥርዓት ንገረው፤

የፋሲካ ቁርባን ከተበላ በኋላ ሌላ ምንም ነገር አይበላም።

ክፉ

ምን ይላል?

ይህ ሥራ ምን ይጠቅማችኋል?

ለእናንተ ብሎ እንጂ ለእርሱ አይደለም።

ራሱን ከማህበሩ ስላወጣ አምላኩን ካደ ማለት ነው።

አንተ ግን ጥርሱን አደንዝዘው (ቃሉ አይገባም፣ አፉን አዘጋው)፤

ንገረውም።

ከግብጽ በወጣሁ

ጊዜ እግዚአብሔር ለእኔ የሠራው ስለእኔ ሲል ነው፤

ለእኔ እንጂ ለእርሱ አይደለም፤

ከዚያ ቢኖር ኖሮ አይታደገውም ነበር።

חָכָם

מַה הוּא אוֹמֵר

מָה הָעֵדֹת וְהַחֻקִּים וְהַמִּשְׁפָּטִים דברים ו
אֲשֶׁר צִוָּה יהוה אֱלֹהֵינוּ אֶתְכֶם:
וְאַף אַתָּה אֱמָר לוֹ כְּהִלְכוֹת הַפֶּסַח
אֵין מַפְטִירִין אַחַר הַפֶּסַח אֲפִיקוֹמָן.

רָשָׁע

מַה הוּא אוֹמֵר

מָה הָעֲבֹדָה הַזֹּאת לָכֶם: שמות יב
לָכֶם וְלֹא לוֹ
וּלְפִי שֶׁהוֹצִיא אֶת עַצְמוֹ מִן הַכְּלָל
כָּפַר בָּעִקָּר
וְאַף אַתָּה הַקְהֵה אֶת שִׁנָּיו, וֶאֱמוֹר לוֹ
בַּעֲבוּר זֶה עָשָׂה יהוה לִי בְּצֵאתִי מִמִּצְרָיִם: שמות יג
לִי וְלֹא לוֹ
אִלּוּ הָיָה שָׁם, לֹא הָיָה נִגְאָל.

የዋህ

ምን ይላል?

ይህ ምንድን ነው?

እግዚአብሔር በጠንካራ

እጅ ከግብጽ ከባርነት ቤት አወጣን ብለህ ንገረው።

መጠየቅ ለማያውቀው

ግን አንተ ጀምርለት።

እንደተባለው

በዚያ ቀን እንዲህ ስትል ለልጅህ ንገረው፤

ከግብጽ በወጣሁ ጊዜ እግዚአብሔር ለእኔ ያደረገው ይህ ነው።

ለልጆች የሚነገረው ከጨረቃ በዓል ጀምሮ ይሁን።

ይህ ማለት በዛውን ቀን፤

ከሆነ በቀን ጀምሮ ይሆን?

ይህ ማለት ያልቦኩ ቂጣና መራራ

ቅጠል በፊትህ

በተገኘበት ሰዓት ነው።

תָּם

מַה הוּא אוֹמֵר

מַה־זֹּאת שמות יג

וְאָמַרְתָּ אֵלָיו

בְּחֹזֶק יָד הוֹצִיאָנוּ יהוה מִמִּצְרַיִם מִבֵּית עֲבָדִים:

וְשֶׁאֵינוֹ יוֹדֵעַ לִשְׁאֹל

אַתְּ פְּתַח לוֹ

שֶׁנֶּאֱמַר

וְהִגַּדְתָּ לְבִנְךָ בַּיּוֹם הַהוּא לֵאמֹר שמות יג

בַּעֲבוּר זֶה עָשָׂה יהוה לִי בְּצֵאתִי מִמִּצְרָיִם:

יָכוֹל מֵרֹאשׁ חֹדֶשׁ

תַּלְמוּד לוֹמַר: בַּיּוֹם הַהוּא.

אִי בַּיּוֹם הַהוּא יָכוֹל מִבְּעוֹד יוֹם

תַּלְמוּד לוֹמַר: בַּעֲבוּר זֶה.

בַּעֲבוּר זֶה לֹא אָמַרְתִּי

אֶלָּא בְּשָׁעָה שֶׁמַּצָּה וּמָרוֹר מֻנָּחִים לְפָנֶיךָ.

ከጥንት

ጀምሮ አባቶቻችን በጣኦት ያመልኩ ነበር፤

አሁን

ግን እግዚአብሔር ወደ ሥራው አቀረበን።

እንደተባለው እያሱም ለሕዝቡ ሁሉ አለ፤
«የእስራኤል አምላክ እግዚአብሔር
እንዲህ አለ አባቶቻችሁ ከወንዝ ማዶ ተቀምጠው ነበር።
ቴራህ የአብርሃም አባት የናሆርም
አባት ጣኦትን ያገለግሉ ነበር።
አባታችሁን አብርሃምን ከወንዝ
ማዶ ወሰድኩት በከነዓን ምድር ሁሉ ወሰድኩት።
ዘሩንም አበዛሁት ይስሐቅንም ሰጠሁት
ለይስሐቅም ያዕቆብንና ዔሣውን ሰጠሁት፤
ለዔሣውም የሴዓርን ተራራ አወርሰው
ዘንድ ሰጠሁት፤

ያዕቆብና ልጆቹም ወደ ግብጽ ወረዱ። »

מִתְּחִלָּה

עוֹבְדֵי עֲבוֹדָה זָרָה הָיוּ אֲבוֹתֵינוּ

וְעַכְשָׁו

קֵרְבָנוּ הַמָּקוֹם לַעֲבוֹדָתוֹ

שֶׁנֶּאֱמַר

וַיֹּאמֶר יְהוֹשֻׁעַ אֶל־כָּל־הָעָם יהושע כד
כֹּה־אָמַר יהוה אֱלֹהֵי יִשְׂרָאֵל
בְּעֵבֶר הַנָּהָר יָשְׁבוּ אֲבוֹתֵיכֶם מֵעוֹלָם
תֶּרַח אֲבִי אַבְרָהָם וַאֲבִי נָחוֹר
וַיַּעַבְדוּ אֱלֹהִים אֲחֵרִים:
וָאֶקַּח אֶת־אֲבִיכֶם אֶת־אַבְרָהָם מֵעֵבֶר הַנָּהָר
וָאוֹלֵךְ אוֹתוֹ בְּכָל־אֶרֶץ כְּנָעַן
וָאַרְבֶּ אֶת־זַרְעוֹ, וָאֶתֶּן־לוֹ אֶת־יִצְחָק:
וָאֶתֵּן לְיִצְחָק אֶת־יַעֲקֹב וְאֶת־עֵשָׂו
וָאֶתֵּן לְעֵשָׂו אֶת־הַר שֵׂעִיר לָרֶשֶׁת אוֹתוֹ

וְיַעֲקֹב וּבָנָיו יָרְדוּ מִצְרָיִם:

ለእስራኤል የገባውን ቃል ኪዳኑን የሚጠብቅ ብሩክ ይሁን፤

ብሩክ ነውና፤

እግዚአብሔር ፍጻሜውን ያሰባል፣

ለአባታችን ለአብርሃም ከሁለት በተከፈለው

መካከል ያደረገውን ቃል ኪዳን ይፈጽም ዘንድ እንደተናገረው፤

ለአብርሃምም አለማወቅህን እወቅ፤

ዘርህ የእነርሱ ባልሆነች አገር ስደተኛ

ይሆናሉ። አራት መቶ አመት

ያሠሩዋቸዋል ያስጨንቁዋቸዋልም፤

የሚያገለግሉትን ሕዝብ ደግሞ እፈርድበታለሁ፤

ከዚያም በኋላ በብዙ ሀብት ይወጣሉ።

ማጻውን ይሸፍንና ወይን የተሞላውን ጽዋ ያንሳ

ለአባቶቻችንና

ለእኛ የቆመችልን እርሷ ናት፤

ሊጨርሰን የተነሳው አንድ ብቻ አይደለም፤

ነገር ግን በትውልድ ሁሉ ሊጨርሱን ይነሳሉ፤

እግዚአብሔር ግን ከእጃቸው ያድነናል።

የወይን ጠጅ ጽዋውን ያስቀምጥና ማጻውን ይግለጥ

בָּרוּךְ שׁוֹמֵר הַבְטָחָתוֹ לְיִשְׂרָאֵל

בָּרוּךְ הוּא

שֶׁהַקָּדוֹשׁ בָּרוּךְ הוּא חִשַּׁב אֶת הַקֵּץ

לַעֲשׂוֹת כְּמָה שֶּׁאָמַר לְאַבְרָהָם אָבִינוּ בִּבְרִית בֵּין הַבְּתָרִים

שֶׁנֶּאֱמַר

וַיֹּאמֶר לְאַבְרָם יָדֹעַ תֵּדַע כִּי־גֵר יִהְיֶה זַרְעֲךָ בְּאֶרֶץ לֹא לָהֶם בראשית טו

וַעֲבָדוּם וְעִנּוּ אֹתָם

אַרְבַּע מֵאוֹת שָׁנָה:

וְגַם אֶת־הַגּוֹי אֲשֶׁר יַעֲבֹדוּ דָּן אָנֹכִי

וְאַחֲרֵי־כֵן יֵצְאוּ בִּרְכֻשׁ גָּדוֹל:

מכסה את המצות, אוחז את הכוס ואומר:

וְהִיא

שֶׁעָמְדָה לַאֲבוֹתֵינוּ וְלָנוּ

שֶׁלֹּא אֶחָד בִּלְבָד עָמַד עָלֵינוּ לְכַלּוֹתֵנוּ

אֶלָּא שֶׁבְּכָל דּוֹר וָדוֹר עוֹמְדִים עָלֵינוּ לְכַלּוֹתֵנוּ

וְהַקָּדוֹשׁ בָּרוּךְ הוּא מַצִּילֵנוּ מִיָּדָם

מניח את הכוס, וחוזר ומגלה את המצות.

ሶሪያዊው ላባን ሀአራሚ

ለአባታችን ያዕቆብ ምን
ማድረግ እንዳለበት አሰበ።
ፈርዖን የፈረደው
በወንዶች ላይ ብቻ ነበር፤
ላባን ግን ሁሉን ለመደምሰስ
አስቦ ነበር።

እንደተባለው

ሶሪያዊው አባቴን ሊያጠፋው ስለፈለገ
ወደ ግብጽ ወረደ፤ እዚያም ተቀመጠ፤
በዚያም ትልቅና ብዙ ሕዝብ ሆነ።

ወደ ግብጽ የወረደው

በእግዚአብሔር ትእዛዝ ነበር፤

ከዚያ የተቀመጠው

አባታችን ያዕቆብ ፈጽሞ ለመኖር አልወረደም፤
ግን በእንግድነት ለመኖር ወረደ።
ለፈርዖንም እንደተባለውም
በአገሪቱ በእንግድነት ለመኖር መጣን፤
ለአገልጋዮችህ መንጎች ቦታ የለምና
በከነዓን አገር ርሐቡ እጅግ ፀንቷልና አሁንም
አገልጋዮችህ በጎሸን አገር ይቀመጡ
ዘንድ እንለምንህአለን።

צֵא וּלְמַד

מַה בִּקֵּשׁ לָבָן הָאֲרַמִּי
לַעֲשׂוֹת לְיַעֲקֹב אָבִינוּ
שֶׁפַּרְעֹה לֹא גָזַר
אֶלָּא עַל הַזְּכָרִים
וְלָבָן בִּקֵּשׁ לַעֲקֹר אֶת הַכֹּל

שֶׁנֶּאֱמַר
אֲרַמִּי אֹבֵד אָבִי דברים כו
וַיֵּרֶד מִצְרַיְמָה, וַיָּגָר שָׁם בִּמְתֵי מְעָט
וַיְהִי־שָׁם לְגוֹי גָּדוֹל עָצוּם וָרָב

וַיֵּרֶד מִצְרַיְמָה
אָנוּס עַל פִּי הַדִּבּוּר

וַיָּגָר שָׁם
מְלַמֵּד שֶׁלֹּא יָרַד יַעֲקֹב אָבִינוּ
לְהִשְׁתַּקֵּעַ בְּמִצְרַיִם, אֶלָּא לָגוּר שָׁם
שֶׁנֶּאֱמַר
וַיֹּאמְרוּ אֶל־פַּרְעֹה לָגוּר בָּאָרֶץ בָּאנוּ בראשית מז
כִּי־אֵין מִרְעֶה לַצֹּאן אֲשֶׁר לַעֲבָדֶיךָ
כִּי־כָבֵד הָרָעָב בְּאֶרֶץ כְּנָעַן
וְעַתָּה יֵשְׁבוּ־נָא עֲבָדֶיךָ בְּאֶרֶץ גֹּשֶׁן:

አነስተኛ ቁጥር፤

እንደተባለው
አባቶችህ ሰባ ነፍስ ሆነው ወደ ግብጽ ወረዱ።
አሁን ግን እግዚአብሔር አምላክህ እንደ ሰማይ
ከዋክብት ብዙ አደረገህ።

እዚያም ታላቅ ሕዝብ ሆነ፣

ይህ ማለት እዚያ እስራኤሎች ጥሩ እንደ ነበሩ ነው።

ብርቱ

እንደተባለው
የእስራኤል ልጆችም እጅግ በጣም በዙ፣
እንደ ትል (አሸዋ) በዙ፣
ጠነከሩም ምድርም በነሱ ተሞላች።

እንደተባለው በዙ፤

በእርሻ እንዳለ
ቡቃያ አበዛሃለሁ፤
አንችም በዛሽ አድገሽ እጅግም አጌጥሽ
ጡቶችሽም አጎጠጎጡ ፀጉርሽም አደገ፤
አንች ግን ፈጽሞ ተራቁተሽ ነበር።

በአንቺም ዘንድ ባለፍኩ ጊዜ በደምሽም ውስጥ ተለውሰሽ ባየሁሽ ጊዜ
በደምሽ እንዳለሽ በሕይዎት ኑሪ
አልሁሽ አዎን በደምሽ እንዳለሽ በሕይዎት ኑሪ አልሁሽ፡፡

בִּמְתֵי מְעָט

כְּמָה שֶׁנֶּאֱמַר

בְּשִׁבְעִים נֶפֶשׁ יָרְדוּ אֲבֹתֶיךָ מִצְרָיְמָה דברים י

וְעַתָּה שָׂמְךָ יהוה אֱלֹהֶיךָ כְּכוֹכְבֵי הַשָּׁמַיִם לָרֹב:

וַיְהִי־שָׁם לְגוֹי

מְלַמֵּד שֶׁהָיוּ יִשְׂרָאֵל מְצֻיָּנִים שָׁם

גָּדוֹל עָצוּם

כְּמָה שֶׁנֶּאֱמַר

וּבְנֵי יִשְׂרָאֵל פָּרוּ וַיִּשְׁרְצוּ שמות א

וַיִּרְבּוּ וַיַּעַצְמוּ בִּמְאֹד מְאֹד

וַתִּמָּלֵא הָאָרֶץ אֹתָם:

וָרָב

כְּמָה שֶׁנֶּאֱמַר

רְבָבָה כְּצֶמַח הַשָּׂדֶה נְתַתִּיךְ יחזקאל טז

וַתִּרְבִּי וַתִּגְדְּלִי, וַתָּבֹאִי בַּעֲדִי עֲדָיִים

שָׁדַיִם נָכֹנוּ וּשְׂעָרֵךְ צִמֵּחַ, וְאַתְּ עֵרֹם וְעֶרְיָה:

ויש מוסיפים:

וָאֶעֱבֹר עָלַיִךְ וָאֶרְאֵךְ מִתְבּוֹסֶסֶת בְּדָמָיִךְ

וָאֹמַר לָךְ בְּדָמַיִךְ חֲיִי וָאֹמַר לָךְ בְּדָמַיִךְ חֲיִי:

ግብጾች እኛን አስከፉ፤ አስጨነቁንም፣
ከባድ ሥራም ጣሉብን።

ግብጾችም እኛን አስከፉ፤

እንደተባለው
ኑ እናስጨንቃቸው፣
እንዳይበዙ ጦርነትም
በተነሳብን ጊዜ ጠላቶቻችንን አግዘው
እንዳይወጉን ከምድሪቱም
እንዳይወጡ አሉ።

አስጨነቁንም

እንደተባለው
በብርቱ ሥራም ያስጨንቁአቸው
ዘንድ ግብር አስገባሪዎችን ሾመባቸው፤
ለፈርዖንም ፊቶምንና ራምሴስን
ጽኑ ከተሞች አድርገው ሠሩ።

ከባድ ሥራም ጣሉብን፤

እንደተባለው
ግብጻዊያንም የእስራኤልን ልጆች መከራ
ውስጥ ከተው ገዙዋቸው።

וַיָּרֵעוּ אֹתָנוּ הַמִּצְרִים וַיְעַנּוּנוּ דברים כו
וַיִּתְּנוּ עָלֵינוּ עֲבֹדָה קָשָׁה:

וַיָּרֵעוּ אֹתָנוּ הַמִּצְרִים

כְּמָה שֶׁנֶּאֱמַר
הָבָה נִתְחַכְּמָה לוֹ שמות א
פֶּן־יִרְבֶּה
וְהָיָה כִּי־תִקְרֶאנָה מִלְחָמָה
וְנוֹסַף גַּם־הוּא עַל־שֹׂנְאֵינוּ
וְנִלְחַם־בָּנוּ, וְעָלָה מִן־הָאָרֶץ:

וַיְעַנּוּנוּ

כְּמָה שֶׁנֶּאֱמַר
וַיָּשִׂימוּ עָלָיו שָׂרֵי מִסִּים שמות א
לְמַעַן עַנֹּתוֹ בְּסִבְלֹתָם
וַיִּבֶן עָרֵי מִסְכְּנוֹת לְפַרְעֹה
אֶת־פִּתֹם וְאֶת־רַעַמְסֵס:

וַיִּתְּנוּ עָלֵינוּ עֲבֹדָה קָשָׁה

כְּמָה שֶׁנֶּאֱמַר
וַיַּעֲבִדוּ מִצְרַיִם אֶת־בְּנֵי יִשְׂרָאֵל בְּפָרֶךְ: שמות א

ወደ አባቶቻችን አምላክ ወደ እግዚአብሔር ጮኽን፤
እግዚአብሔርም ጭኾታችን ሰማ ስቃያችን፣
ድካማችንና ጭቆናችን አየ።

ወደ አባቶቻችን አምላክ ወደ እግዚአብሔር ጮኽን፤

እንደተባለው
ከዚያም ከብዙ ቀን በኋላ እንዲህ ሆነ፤
የግብጽ ንጉሥም ሞተ፤
የእስራኤልም ልጆች ከባርነት የተነሳ አለቀሱ፤
ጮኹም ስራቸውም ጭኾታቸውም ወደ እግዚአብሔር ወጣ።

እግዚአብሔር ድምጻችንን ሰማ፤

እንደተባለው
እግዚአብሔርም የለቅሶአቸውን ድምጽ ሰማ፤
እግዚአብሔርም ከአብርሃም፣
ከይስሐቅና ከያዕቆብ ጋር ያደረገውን ቃል ኪዳን አሰበ።

ችግራችንን ተመለከተ፤

በትህትና አነጋገር
እንደተባለው
እግዚአብሔርም የእስራኤልን ልጆች አየ፤
አምላክም አወቀ።

וַנִּצְעַק אֶל־יהוה אֱלֹהֵי אֲבֹתֵינוּ דברים כו
וַיִּשְׁמַע יהוה אֶת־קֹלֵנוּ
וַיַּרְא אֶת־עָנְיֵנוּ וְאֶת־עֲמָלֵנוּ וְאֶת־לַחֲצֵנוּ:

וַנִּצְעַק אֶל־יהוה אֱלֹהֵי אֲבֹתֵינוּ
כְּמָה שֶׁנֶּאֱמַר
וַיְהִי בַיָּמִים הָרַבִּים הָהֵם, וַיָּמָת מֶלֶךְ מִצְרַיִם שמות ב
וַיֵּאָנְחוּ בְנֵי־יִשְׂרָאֵל מִן־הָעֲבֹדָה, וַיִּזְעָקוּ
וַתַּעַל שַׁוְעָתָם אֶל־הָאֱלֹהִים מִן־הָעֲבֹדָה:

וַיִּשְׁמַע יהוה אֶת־קֹלֵנוּ
כְּמָה שֶׁנֶּאֱמַר
וַיִּשְׁמַע אֱלֹהִים אֶת־נַאֲקָתָם שמות ב
וַיִּזְכֹּר אֱלֹהִים אֶת־בְּרִיתוֹ
אֶת־אַבְרָהָם אֶת־יִצְחָק וְאֶת־יַעֲקֹב:

וַיַּרְא אֶת־עָנְיֵנוּ
זוֹ פְּרִישׁוּת דֶּרֶךְ אֶרֶץ
כְּמָה שֶׁנֶּאֱמַר
וַיַּרְא אֱלֹהִים אֶת־בְּנֵי יִשְׂרָאֵל, וַיֵּדַע אֱלֹהִים: שמות ב

ድካማችንም

ሲል እነዚህን ልጆች ማለት ነው።
እንደተባለው
ፈርዖንም ሕዝቡን ሁሉ እንዲህ ሲል አዘዘ
"የሚወለደውን ወንድ ልጅ ሁሉ ወደ
ወንዝ ጣሉት ሴቶች ግን በሕይወት ይኑሩ።"

ጭቆናችንን፤

ይህ ጭቆና ነው።
እንደተባለው
«ግብጻዊያን የሚያደርጉባቸውን
ጭቆናም አየሁ።»

እግዚአብሔርም በብርቱ እጅ፣
በተዘረጋ ክንድ፣
በታላቅ ፍርሀትና በታዕምራት
ከግብጽ አወጣን።

እግዚአብሔር ከግብጽ አወጣን፤

በመላአክ እጅም አይደለም፣
በሱራፌል እጅም አይደለም፣
በመልእክተኛ እጅም አይደለም፤
እግዚአብሔር በክብሩና በእራሱ ነው።

וְאֶת־עֲמָלֵנוּ

אֵלּוּ הַבָּנִים
כְּמָה שֶׁנֶּאֱמַר
כָּל־הַבֵּן הַיִּלּוֹד, הַיְאֹרָה תַּשְׁלִיכֻהוּ — שמות א
וְכָל־הַבַּת תְּחַיּוּן:

וְאֶת־לַחֲצֵנוּ

זֶה הַדְּחַק
כְּמָה שֶׁנֶּאֱמַר
וְגַם־רָאִיתִי אֶת־הַלַּחַץ — שמות ג
אֲשֶׁר מִצְרַיִם לֹחֲצִים אֹתָם:

וַיּוֹצִאֵנוּ יהוה מִמִּצְרַיִם — דברים כו
בְּיָד חֲזָקָה וּבִזְרֹעַ נְטוּיָה, וּבְמֹרָא גָּדֹל
וּבְאֹתוֹת וּבְמֹפְתִים:

וַיּוֹצִאֵנוּ יהוה מִמִּצְרַיִם

לֹא עַל יְדֵי מַלְאָךְ
וְלֹא עַל יְדֵי שָׂרָף
וְלֹא עַל יְדֵי שָׁלִיחַ
אֶלָּא הַקָּדוֹשׁ בָּרוּךְ הוּא בִּכְבוֹדוֹ וּבְעַצְמוֹ

እንደተባለው
«በዚህ ሌሊት በግብጽ ምድር አልፋለሁ፤
በግብጽ ምድር ከሰው እስከ እንስሳ በኩርን ሁሉ እመታለሁ፤
በግብጽ አማልክትም ሁሉ ላይ ፍርድን አደርጋለሁ፤
እኔ እግዚአብሔር ነኝና፤

በግብፅ ምድር ያለፍኩ
በኩሮችን የመታሁ
በግብፅ አማልክት ፍርድ የማደርግ
እኔ እግዚአብሔር ነኝ

መላአክ አይደለም እኔ ነኝ
ሱራፌልም አይደለም እኔ ነኝ፤
መልክተኛ አይደለም እኔ ነኝ፤
እኔ ነኝ፣ ሌላ አይደለም፡፡

አንዳንዶቹ ከዚህ ላይ ገፅ 139 ያለውን የሚጨምሩ አሉ

በጠንካራ እጅ፤

ይህ ቸነፈር ነው።
እንደተባለው
«እነሆ የእግዚአብሔር እጅ በሜዳ ወስጥ ባሉት በከብቶችህ፣
በፈረሶችህ፣ በአህዮችህ፣ በግመሎችም፣
በበሬዎችና በበጎችም ላይ ትሆናለች ብርቱ
ቸነፈርም ይወርዳል።»

በተዘረጋ ክንድ፤

ይህ ሰይፍ ነው።
እንደተባለው
ሰይፍ በእጁ ተመዞ እየሩሳሌም
ላይ ተዘርግቷል።

שֶׁנֶּאֱמַר
וְעָבַרְתִּי בְאֶרֶץ־מִצְרַיִם בַּלַּיְלָה הַזֶּה שמות יב
וְהִכֵּיתִי כָל־בְּכוֹר בְּאֶרֶץ מִצְרַיִם, מֵאָדָם וְעַד־בְּהֵמָה
וּבְכָל־אֱלֹהֵי מִצְרַיִם אֶעֱשֶׂה שְׁפָטִים
אֲנִי יהוה:

וְעָבַרְתִּי בְאֶרֶץ־מִצְרַיִם — אֲנִי וְלֹא מַלְאָךְ
וְהִכֵּיתִי כָל־בְּכוֹר — אֲנִי וְלֹא שָׂרָף
וּבְכָל־אֱלֹהֵי מִצְרַיִם אֶעֱשֶׂה שְׁפָטִים — אֲנִי וְלֹא הַשָּׁלִיחַ
אֲנִי יהוה — אֲנִי הוּא וְלֹא אַחֵר

במקצת קהילות נהגו להוסיף כאן מדרש (עמ׳ 139).

בְּיָד חֲזָקָה

זוֹ הַדֶּבֶר
כְּמָה שֶׁנֶּאֱמַר
הִנֵּה יַד־יהוה הוֹיָה בְּמִקְנְךָ אֲשֶׁר בַּשָּׂדֶה שמות ט
בַּסּוּסִים בַּחֲמֹרִים בַּגְּמַלִּים, בַּבָּקָר וּבַצֹּאן
דֶּבֶר כָּבֵד מְאֹד:

וּבִזְרֹעַ נְטוּיָה

זוֹ הַחֶרֶב
כְּמָה שֶׁנֶּאֱמַר
וְחַרְבּוֹ שְׁלוּפָה בְּיָדוֹ דברי הימים א׳ כא
נְטוּיָה עַל־יְרוּשָׁלָיִם:

በታላቅ ፍርሃት፤

ይህ የአምላክ መገለጥ ነው።

እንደተባለው፤

«አምላክ ሕዝቡን ከሕዝብ መሀከል መጥቶ ለእርሱ ለመውሰድ

ሞክሯልን? በታአምር በምልክቶች፤

በታአምራቶችም በጦርነትም፤

በብርቱ እጅም፤

በተዘረጋች ክንድም፤

በታላቅ ፍርሃት እግዚአብሔር አምላካችሁ

በግብጽ ምድር በፊታችሁ እንዳደረገላቸው ሁሉ።»

ምልክቶች፤

ይህ በትር ነው፤

እንደተባለው

ይህን በትር ትወስዳለህ፣ ምልክቶችን ታደርግበት ዘንድ።

ደምና እሳት በሚልበት ሰዓት ከጽዋው ጠብታ

ወይን ማንጠብጠብ የተለመደ ነው፤

አስሩ በትሮች፤ ድጻኽ፣ አዳሽ፣ ባአሀብ፣ በአንድ ላይ አስራ አምስት ጊዜ።

ታዕምራቶች፤

ይህ ደም ነው።

እንደተባለው፣

በሰማይና በምደር ታዕምራቶችን አደርጋለሁ።

ጽዋውን በእጁ ይዞ ከተሰበረ ዕቃ ላይ ሦስት ጊዜ ጠብ ጠብ ያድርግ ይህም በደሙ፣ እሳቱንና የተትጎለጎለውን ጭስ ምትክ ነ ው።

ደም፤ እሳትና የተትጎለጎለው ጭስ

וּבְמֹרָא גָּדֹל

זֶה גִּלּוּי שְׁכִינָה
כְּמָה שֶׁנֶּאֱמַר
אוֹ הֲנִסָּה אֱלֹהִים לָבוֹא לָקַחַת לוֹ גוֹי מִקֶּרֶב גּוֹי דברים ד
בְּמַסֹּת בְּאֹתֹת וּבְמוֹפְתִים וּבְמִלְחָמָה
וּבְיָד חֲזָקָה, וּבִזְרוֹעַ נְטוּיָה
וּבְמוֹרָאִים גְּדֹלִים
כְּכֹל אֲשֶׁר־עָשָׂה לָכֶם יהוה אֱלֹהֵיכֶם בְּמִצְרַיִם
לְעֵינֶיךָ:

וּבְאֹתוֹת

זֶה הַמַּטֶּה
כְּמָה שֶׁנֶּאֱמַר
וְאֶת־הַמַּטֶּה הַזֶּה תִּקַּח בְּיָדֶךָ שמות ד
אֲשֶׁר תַּעֲשֶׂה־בּוֹ אֶת־הָאֹתֹת:

וּבְמֹפְתִים

זֶה הַדָּם
כְּמָה שֶׁנֶּאֱמַר
וְנָתַתִּי מוֹפְתִים בַּשָּׁמַיִם וּבָאָרֶץ יואל ג

אוחז הכוס בידו ומטיף ממנה לתוך כלי שבור שלוש פעמים כנגד דם, אש ותמרות עשן:

דָּם וָאֵשׁ וְתִימְרוֹת עָשָׁן:

ሌላ ነገር፤

በብርቱ እጅ	ሁለት፣
በተዘረጋ ክንድ	ሁለት፣
በታላቅ ፍርሃት	ሁለት፣
በምልክቶች	ሁለት፣
በታምራቶች	ሁለት።

እግዚአብሔር በግብጻዊያን ላይ

በግብጽ ምድር ያወረዳቸው ዓስሩ
በትሮች እነዚህ ናቸው።
እነርሱም፣

በእያንዳንዱ በትሮች ልክ ከጽዋው ወይን ጠብ ጠብ ያድርግ፤ ይህንንም ይበል፡-

ደም፣	**እንቁራሪት፣**	**ቅማል፣**
ድብልቅ አውሬዎች፣	**የእንስሣት እልቂት፣**	**እከክ(ሽቀን)፣**
በረዶ፣	**አንበጣ፣**	**ጨለማና**

የበኩራት መሞት፡፡

ራቢ ይሁዳ ምልክቶችን ያደረጋቸው፣

ዲጻኽ፣ አዳሽ፣ ቢአህብ ነበር

דָּבָר אַחֵר

בְּיָד חֲזָקָה שְׁתַּיִם
וּבִזְרֹעַ נְטוּיָה שְׁתַּיִם
וּבְמֹרָא גָּדֹל שְׁתַּיִם
וּבְאֹתוֹת שְׁתַּיִם
וּבְמֹפְתִים שְׁתַּיִם

אֵלּוּ עֶשֶׂר מַכּוֹת

שֶׁהֵבִיא הַקָּדוֹשׁ בָּרוּךְ הוּא
עַל הַמִּצְרִים בְּמִצְרַיִם
וְאֵלּוּ הֵן

מטיפים יין מן הכוס על כל מכה ומכה
ועל "דצ"ך עד"ש באח"ב" ואומרים:

דָּם	צְפַרְדֵּעַ	כִּנִּים
עָרוֹב	דֶּבֶר	שְׁחִין
בָּרָד	אַרְבֶּה	חֹשֶׁךְ

מַכַּת בְּכוֹרוֹת.

רַבִּי יְהוּדָה הָיָה נוֹתֵן בָּהֶם סִימָנִים
דְּצַ"ךְ עֲדַ"שׁ בְּאַחַ"ב.

מניח הכוס מידו.

ራቢ የሶሲ የግሊሊይሊው ሰው

እንዲህ ይላል፤

«ግብጾች በግብጽ አገር አስር በትሮችን፣

በባህሩ ላይ ሀምሳ በትሮች የወረዱባቸው መሆኑን እንዴት ውቃለህ?፤

በግብጽ

አገር ምን አሉ?፤

ጠንቋዮችም ለፈርዖን ይህስ የእግዚአብሔር ጣት ነው አሉት።

በባህሩ ላይስ

ምን ይላሉ?

እስራኤልም እግዚአብሔር በግብጻዊያን

ላይ ያደረገውን ታላቁን እጅ አዩ፤

ሕዝቡም እግዚአብሔርን ፈራ፤

በእግዚአብሔርና በአገልጋዩ በሙሴም አመኑ።

በጣቱ ዓስር

በትሮች

ወረዱባቸው፣

ዓስር በትሮች በኋላ በባህሩ

ላይ አምሳ በትሮች ወረዱባቸው ትላለህ።

רַבִּי יוֹסֵי הַגְּלִילִי אוֹמֵר

מִנַּיִן אַתָּה אוֹמֵר
שֶׁלָּקוּ הַמִּצְרִים בְּמִצְרַיִם עֶשֶׂר מַכּוֹת
וְעַל הַיָּם לָקוּ חֲמִשִּׁים מַכּוֹת

בְּמִצְרַיִם
מַה הוּא אוֹמֵר
וַיֹּאמְרוּ הַחַרְטֻמִּם אֶל־פַּרְעֹה אֶצְבַּע אֱלֹהִים הִוא: שמות ח

וְעַל הַיָּם
מַה הוּא אוֹמֵר
וַיַּרְא יִשְׂרָאֵל אֶת־הַיָּד הַגְּדֹלָה שמות יד
אֲשֶׁר עָשָׂה יהוה בְּמִצְרַיִם
וַיִּירְאוּ הָעָם אֶת־יהוה
וַיַּאֲמִינוּ בַּיהוה וּבְמֹשֶׁה עַבְדּוֹ:

כַּמָּה לָקוּ בְּאֶצְבַּע
עֶשֶׂר מַכּוֹת.
אֱמֹר מֵעַתָּה
בְּמִצְרַיִם לָקוּ עֶשֶׂר מַכּוֹת
וְעַל הַיָּם לָקוּ חֲמִשִּׁים מַכּוֹת.

ራቢ ኤሊይኤዘር እንዲህ አለ፤

«እግዚአብሔር በግብጽ አገር በግብጻዊያን
ላይ ያወረደው እያንዳንዱ በትር አራት
በትር መሆኑን እንዴት ይታወቃል?
እንደተባለው
የአፉን ቁጣ በላያቸው ሰደደ፣
መቅሰፍትን፣ መዓትንም፣ መከራንም የከፉ መላእክት መልክተኞችን ላከ፤

የሚንበለበል ንዴት	አንድ፣
ቁጣው	ሁለት፣
መዓቱ	ሦስት፣
መከራው	አራት፣

ተንግዲህ እንዲህ በል፤

በግብጽ አገር አርባ በትሮችን ተቀበሉ፣
በባሕሩ ላይ በሁለት መቶ በትሮች ተመቱ።

ራቢ አቂባ እንዲህ አለ፤

ቅዱሱ እርሱ የተባረከ ይሁን፣
እግዚአብሔር በግብጽ አገር በግብጻዊያን
ላይ ያወረደው እያንዳንዱ በትር አምስት
በትር ለመሆኑ እንዴት ይታወቃል?
እንደተባለው
የአፉን ቁጣ በላያቸው ይሰዳል፣
መቅሰፍትን፣ መዓትንም፣ መከራንም ክፍዎች መላአከትና መልክተኞች፤
ሐአሮን አፎ-

የሚንበለበል ንዴት	አንድ ነው፣
ቁጣ	ሁለት፣
መዓቱ	ሦስት፣
መከራው	አራት፣
የከፉት ምልክተኞቹ	አምስት።

እንግዲህ እንዲህ ትላለህ ግብጽ አገር በአምሳ በትሮች ተመታች፣
በባሕሩ ላይ ደግሞ በሁለት መቶ ሃምሳ በትሮች ተመቱ።

רַבִּי אֱלִיעֶזֶר אוֹמֵר מִנַּיִן שֶׁכָּל מַכָּה וּמַכָּה
שֶׁהֵבִיא הַקָּדוֹשׁ בָּרוּךְ הוּא עַל הַמִּצְרִים בְּמִצְרַיִם
הָיְתָה שֶׁל אַרְבַּע מַכּוֹת
שֶׁנֶּאֱמַר: יְשַׁלַּח־בָּם חֲרוֹן אַפּוֹ תהלים עח
עֶבְרָה וָזַעַם וְצָרָה, מִשְׁלַחַת מַלְאֲכֵי רָעִים:
עֶבְרָה אַחַת
וָזַעַם שְׁתַּיִם
וְצָרָה שָׁלוֹשׁ
מִשְׁלַחַת מַלְאֲכֵי רָעִים אַרְבַּע
אֱמוֹר מֵעַתָּה
בְּמִצְרַיִם לָקוּ אַרְבָּעִים מַכּוֹת
וְעַל הַיָּם לָקוּ מָאתַיִם מַכּוֹת.

רַבִּי עֲקִיבָא אוֹמֵר מִנַּיִן שֶׁכָּל מַכָּה וּמַכָּה
שֶׁהֵבִיא הַקָּדוֹשׁ בָּרוּךְ הוּא עַל הַמִּצְרִים בְּמִצְרַיִם
הָיְתָה שֶׁל חָמֵשׁ מַכּוֹת
שֶׁנֶּאֱמַר: יְשַׁלַּח־בָּם תהלים עח
חֲרוֹן אַפּוֹ, עֶבְרָה וָזַעַם וְצָרָה, מִשְׁלַחַת מַלְאֲכֵי רָעִים:
חֲרוֹן אַפּוֹ אַחַת
עֶבְרָה שְׁתַּיִם
וָזַעַם שָׁלוֹשׁ
וְצָרָה אַרְבַּע
מִשְׁלַחַת מַלְאֲכֵי רָעִים חָמֵשׁ
אֱמוֹר מֵעַתָּה
בְּמִצְרַיִם לָקוּ חֲמִשִּׁים מַכּוֹת
וְעַל הַיָּם לָקוּ חֲמִשִּׁים וּמָאתַיִם מַכּוֹת.

ስንት መልካም ነገሮች ለእግዚአብሔር ማድረግ አለብን

ከግብጽ ምድር ባያወጣን ኑሮ፤
ፍርዱን በእነርሱ ላይም ቢያደርግ ይበቃን ነበር።

ፍርድን በእነርሱ ላይ ቢያደርግ፤
በአምላካቸውም ባያደርግ ይበቃን ነበር።

በአምላካቸው ቢያደርግ፤
በኩራቸውንም ባይገል ይበቃን ነበር።

በኩራቸውንም ቢገል፤
ገንዘባቸውን ባይሰጠን ይበቃን ነበር።

ገንዘባቸውንም ቢሰጠን፤
ባሕሩንም ባይከፍልልን ይበቃን ነበር።

ባሕሩን ባይከፍልልን፤
በውስጡም በደረቅ ባያሳልፈን ይበቃን ነበር።

በውስጡ በደረቅ ቢያሳልፈን፤
ጠላቶቻችንም በውስጡ ባያሰምጥ ይበቃን ነበር።

ጠላቶታችን በውስጡ ቢያሰምጥ፤
በበርሃው የሚያስፈልገንንም ባይሰጠን ይበቃን ነበር።

በምድረበዳው የሚያስፈልገንን አርባ አመት ቢሰጠን፤
መናውንም ባይመግበን ይበቃን ነበር።

መናውን ቢመግበን፤
ሰንበትንም ባይሰጠን ይበቃን ነበር።

ሰንበትን ቢሰጠን፤
ከሲናይ ተራራ ባያደርሰን ይበቃን ነበር።

ከሲናይ ተራራ ፊት ቢያደርሰን፤
ኦሪትንም ባይሰጠን ይበቃን ነበር።

ኦሪትን ሰጥቶን ፤
ወደ እስራኤል ምድርም ባያገባን ይበቃን ነበር።

እስራኤል ምድር አግብቶን ፤
ቤተ መቅደሱንም ባይሰራልን፤ ይበቃን ነበር።

כַּמָּה מַעֲלוֹת טוֹבוֹת לַמָּקוֹם עָלֵינוּ

אִלּוּ הוֹצִיאָנוּ מִמִּצְרַיִם וְלֹא עָשָׂה בָהֶם שְׁפָטִים דַּיֵּנוּ

אִלּוּ עָשָׂה בָהֶם שְׁפָטִים וְלֹא עָשָׂה בֵאלֹהֵיהֶם דַּיֵּנוּ

אִלּוּ עָשָׂה בֵאלֹהֵיהֶם וְלֹא הָרַג בְּכוֹרֵיהֶם דַּיֵּנוּ

אִלּוּ הָרַג בְּכוֹרֵיהֶם וְלֹא נָתַן לָנוּ אֶת מָמוֹנָם דַּיֵּנוּ

במקצת קהילות נהגו להוסיף כאן מדרש (עמ׳ 139).

אִלּוּ נָתַן לָנוּ אֶת מָמוֹנָם וְלֹא קָרַע לָנוּ אֶת הַיָּם דַּיֵּנוּ

אִלּוּ קָרַע לָנוּ אֶת הַיָּם וְלֹא הֶעֱבִירָנוּ בְתוֹכוֹ בֶּחָרָבָה דַּיֵּנוּ

אִלּוּ הֶעֱבִירָנוּ בְתוֹכוֹ בֶּחָרָבָה וְלֹא שִׁקַּע צָרֵינוּ בְּתוֹכוֹ דַּיֵּנוּ

אִלּוּ שִׁקַּע צָרֵינוּ בְּתוֹכוֹ וְלֹא סִפֵּק צָרְכֵּנוּ בַּמִּדְבָּר* דַּיֵּנוּ

אִלּוּ סִפֵּק צָרְכֵּנוּ בַּמִּדְבָּר* וְלֹא הֶאֱכִילָנוּ אֶת הַמָּן דַּיֵּנוּ

אִלּוּ הֶאֱכִילָנוּ אֶת הַמָּן וְלֹא נָתַן לָנוּ אֶת הַשַּׁבָּת דַּיֵּנוּ

אִלּוּ נָתַן לָנוּ אֶת הַשַּׁבָּת וְלֹא קֵרְבָנוּ לִפְנֵי הַר סִינַי דַּיֵּנוּ

אִלּוּ קֵרְבָנוּ לִפְנֵי הַר סִינַי וְלֹא נָתַן לָנוּ אֶת הַתּוֹרָה דַּיֵּנוּ

אִלּוּ נָתַן לָנוּ אֶת הַתּוֹרָה וְלֹא הִכְנִיסָנוּ לְאֶרֶץ יִשְׂרָאֵל דַּיֵּנוּ

אִלּוּ הִכְנִיסָנוּ לְאֶרֶץ יִשְׂרָאֵל וְלֹא בָנָה לָנוּ אֶת בֵּית הַמִּקְדָּשׁ דַּיֵּנוּ

* אַרְבָּעִים שָׁנָה

עַל אַחַת כַּמָּה וְכַמָּה
טוֹבָה כְּפוּלָה וּמְכֻפֶּלֶת לַמָּקוֹם עָלֵינוּ

הוֹצִיאָנוּ מִמִּצְרַיִם עָשָׂה בָהֶם שְׁפָטִים
עָשָׂה בֵאלֹהֵיהֶם הָרַג בְּכוֹרֵיהֶם
נָתַן לָנוּ אֶת מָמוֹנָם קָרַע לָנוּ אֶת הַיָּם
הֶעֱבִירָנוּ בְתוֹכוֹ בֶּחָרָבָה שִׁקַּע צָרֵינוּ בְּתוֹכוֹ
סִפֵּק צָרְכֵּנוּ בַּמִּדְבָּר אַרְבָּעִים שָׁנָה הֶאֱכִילָנוּ אֶת הַמָּן
נָתַן לָנוּ אֶת הַשַּׁבָּת קֵרְבָנוּ לִפְנֵי הַר סִינַי
נָתַן לָנוּ אֶת הַתּוֹרָה הִכְנִיסָנוּ לְאֶרֶץ יִשְׂרָאֵל
וּבָנָה לָנוּ אֶת בֵּית הַבְּחִירָה לְכַפֵּר עַל כָּל עֲוֹנוֹתֵינוּ.

ስንት እጥፍ፤
ብዙ እጥፍ ጊዜ እግዚአብሔር ያደረገልን መልካም ሥራ ማወቅ ይገባል፥

ከግብጽ አወጣን በእነርሱም ፍርድ አደረገ
በእነርሱም ፍርድ አደረገ አደረገ፤ በኩሮቻቸውንም ገደለ፡
ገንዘባቸውንም ሰጠን፡ ባሕሩንም ከፈለልን፡
በውስጡም በደረቅ አሻገረን፤ ጠላቶቻችንም በውስጡ አሰጠማቸው፤
በምድረ በዳው የሚያስፈልገንን አርባ ዓመት ሙሉ ሰጠን፤ መናውን መገበን፤
ሰንበትንም ሰጠን፤ ከሲና ተራራ ፊት አደረሰን፤
ኦሪትን ሰጠን፤ ወደ እስራኤል ምድርም አገባን፡
ሀጢአያታችን ሁሉ ያስተሰረይልን ዘንድ፤ ቤተ መቅደሱንም ሰራልን።

ራባን ጋምሊኤል እንዲህ ይል ነበር፣
በፋሲካ እነዚህን ሦስት ነገሮች ያላለ ሁሉ
መፈጸም የሚገባውን በትክክል አልፈጸመም።
እነሱም፣

ፔሳህ – የፋሲካ ቁርባን
ማጻ – ያልቦካ ቂጣ
ማሮር – መራራ ቅጠል

ቅልጥሙን በእጁ ያሳይ፤ ከፍ እንዳያደርገው ግን ይጠንቀቅ።

ፋሲካ፣

ቤተ መቅደሱ በነበረበት ዘመን አባቶቻችን የፋሲካ ቁርባን ይበሉ
የነበረው ለምንድን ነው?
እግዚአብሔር በግብጽ ምድር የአባቶቻችን
ቤቶች ስለአለፋቸው ነው፤
እንደተባለው
በግብጽ አገር በእስራኤል ልጆች
ቤቶች ላይ አልፎ ግብጻዊያንን
በመታበት ጊዜ ቤቶቻችንን ያዳነ የእግዚአብሔር
የፋሲካ ቁርባን እርሱ ነው ትላላችሁ
ሕዝቡም ተጎነበሰ ሰገደም።

רַבָּן גַּמְלִיאֵל הָיָה אוֹמֵר
כָּל מִי שֶׁלֹּא אָמַר שְׁלוֹשָׁה דְבָרִים אֵלּוּ בַּפֶּסַח
לֹא יָצָא יְדֵי חוֹבָתוֹ
וְאֵלּוּ הֵן

פֶּסַח מַצָּה וּמָרוֹר

יביט בזרוע אבל לא יאחזנו בידו ולא יגביהנו, ויאמר:

פֶּסַח

שֶׁהָיוּ אֲבוֹתֵינוּ אוֹכְלִים בִּזְמַן שֶׁבֵּית הַמִּקְדָּשׁ הָיָה קַיָּם
עַל שׁוּם מָה
עַל שׁוּם שֶׁפָּסַח הַקָּדוֹשׁ בָּרוּךְ הוּא
עַל בָּתֵּי אֲבוֹתֵינוּ בְּמִצְרַיִם
שֶׁנֶּאֱמַר
וַאֲמַרְתֶּם זֶבַח־פֶּסַח הוּא לַיהוה שמות יב
אֲשֶׁר פָּסַח עַל־בָּתֵּי בְנֵי־יִשְׂרָאֵל בְּמִצְרַיִם
בְּנָגְפּוֹ אֶת־מִצְרַיִם
וְאֶת־בָּתֵּינוּ הִצִּיל
וַיִּקֹּד הָעָם וַיִּשְׁתַּחֲווּ:

במקצת קהילות נהגו לשורר כאן את הפיוט "אמונים ערכו שבח" (עמ' 139).

ለማዕዱ ተሳታፊዎች ማጻውን እያሳየ እንዲህ ይላል

ማጻ፤

ይህን ያልቦካ ቂጣ የምንበላው ለምንድን ነው?

የአባቶቻችን ሊጣቸው ከመቡካቱ በፊት፤

የነገሥታቶች ንጉሥ ቅዱስ ነው፣

እርሱ የተባረከ ይሁን፤

እግዚአብሔር ተገለጣላቸው ወዲያውኑም ነፃ አወጣቸው፤

እንደተባለው

በግብጽ ያወጡት ሊጥ አልቦካም ነበርና ቂጣ ጋገሩት፤

ከግብጽ ስለ ተባረሩና ለመቆየትም ስለ አልቻሉ፤

ስንቅም አላዘጋጁም ነበርና።

ለማዕዱ ተሳታፊዎች ማሮሩን እያሳየ እንዲህ ይበል።

ማሮር፤

ይህ የምንበላው መራራ ቅጠል ለምንድን ነው?

ግብጻዊያን የአባቶቻችን ሕይወት ግብጻዊያን ስለ አማረሩባቸው ነው።

እንደ ተባለው

በጽኑ ሥራ፣ በጭቃ፣ በጡብም፣

በእርሻም ሥራ ሁሉ በመከራም በሚያሰሩዋቸውም ሥራ ሁሉ

ሕይወታቸውን ያማርሩት ነበር።

מגביה את המצה העליונה ואומר:

מַצָּה זוֹ

שֶׁאֲנַחְנוּ אוֹכְלִים, עַל שׁוּם מָה
עַל שׁוּם שֶׁלֹּא הִסְפִּיק בְּצֵקָם שֶׁל אֲבוֹתֵינוּ לְהַחֲמִיץ
עַד שֶׁנִּגְלָה עֲלֵיהֶם מֶלֶךְ מַלְכֵי הַמְּלָכִים
הַקָּדוֹשׁ בָּרוּךְ הוּא, וּגְאָלָם מִיַּד
שֶׁנֶּאֱמַר
וַיֹּאפוּ אֶת־הַבָּצֵק אֲשֶׁר הוֹצִיאוּ מִמִּצְרַיִם שמות יב
עֻגֹת מַצּוֹת, כִּי לֹא חָמֵץ
כִּי־גֹרְשׁוּ מִמִּצְרַיִם, וְלֹא יָכְלוּ לְהִתְמַהְמֵהַּ
וְגַם־צֵדָה לֹא־עָשׂוּ לָהֶם:

מגביה את המרור ואומר:

מָרוֹר זֶה

שֶׁאֲנַחְנוּ אוֹכְלִים עַל שׁוּם מָה
עַל שׁוּם שֶׁמֵּרְרוּ הַמִּצְרִים אֶת חַיֵּי אֲבוֹתֵינוּ בְּמִצְרַיִם
שֶׁנֶּאֱמַר
וַיְמָרְרוּ אֶת־חַיֵּיהֶם בַּעֲבֹדָה קָשָׁה, בְּחֹמֶר וּבִלְבֵנִים שמות א
וּבְכָל־עֲבֹדָה בַּשָּׂדֶה
אֵת כָּל־עֲבֹדָתָם אֲשֶׁר־עָבְדוּ בָהֶם בְּפָרֶךְ:

በየትውልዱ ሰው ሁሉ

እርሱ ራሱ ከግብጽ እንደወጣ አድርጎ ማየት አለበት፤

እንደተባለው

በዛውን ቀን ለልጅህ እንዲህ

ብለህ ትነግረዋለህ፤

ከግብጽ

በወጣሁ ጊዜ

እግዚአብሔር ያደረገልኝ

ይህንን ነው፤

እግዚአብሔር አባቶቻችን ብቻ

አይደለም ነፃ ያወጣቸው፤

እኛንም

ከነርሱ ጋር ነፃ አወጣን፤

እንደተባለው

ለአባቶቻችን ቃል

ወደ ገባላቸው ምድር አግብቶ

እርሷን ይሰጠን ዘንድ

እኛን ከዚያ አወጣን።

בְּכָל דּוֹר וָדוֹר

חַיָּב אָדָם לְהַרְאוֹת אֶת עַצְמוֹ כְּאִלּוּ הוּא יָצָא מִמִּצְרַיִם פסחים קטז:

שֶׁנֶּאֱמַר

וְהִגַּדְתָּ לְבִנְךָ שמות יג

בַּיּוֹם הַהוּא

לֵאמֹר

בַּעֲבוּר זֶה

עָשָׂה יהוה לִי

בְּצֵאתִי מִמִּצְרָיִם:

שֶׁלֹּא אֶת אֲבוֹתֵינוּ בִּלְבָד

גָּאַל הַקָּדוֹשׁ בָּרוּךְ הוּא

אֶלָּא

אַף אוֹתָנוּ גָּאַל עִמָּהֶם

שֶׁנֶּאֱמַר

וְאוֹתָנוּ הוֹצִיא מִשָּׁם דברים ו

לְמַעַן הָבִיא אֹתָנוּ

לָתֶת לָנוּ אֶת־הָאָרֶץ

אֲשֶׁר נִשְׁבַּע לַאֲבֹתֵינוּ:

לפיכך

אנחנו חייבים להודות ל
להלל לשבח לפאר ל
לרומם להדר לברך לע

[illegible]

מכסה את המצות ואוחז את הכוס בידו עד שחותם "גאל ישראל", ואומר:

לְפִיכָךְ אֲנַחְנוּ חַיָּבִים
לְהוֹדוֹת, לְהַלֵּל, לְשַׁבֵּחַ, לְפָאֵר
לְרוֹמֵם, לְהַדֵּר, וּלְקַלֵּס
לְמִי שֶׁעָשָׂה לַאֲבוֹתֵינוּ וְלָנוּ אֶת כָּל הַנִּסִּים הָאֵלֶּה
הוֹצִיאָנוּ מֵעַבְדוּת לְחֵרוּת
וּמִשִּׁעְבּוּד לִגְאֻלָּה
מִיָּגוֹן לְשִׂמְחָה
מֵאֵבֶל לְיוֹם טוֹב
וּמֵאֲפֵלָה לְאוֹר גָּדוֹל
וְנֹאמַר לְפָנָיו שִׁירָה חֲדָשָׁה
הַלְלוּיָהּ.

ሀሌሉያ እስከ ሚለው ድረስ የወይኑን ጽዋ ከፍ አድርጎ ይያዝ።

ስለዚህ ሁሉ እኛ ማመስገን፣
እልል ማለት ማሞገስ፣ ማስጌጥ፣ ከፍ፣
ከፍ ማድረግ፣ መባረክ፣
ማሞገስ፣ ማወደስ፣ እነዚህን
ታዕምራቶችን ሁሉ ለአባቶቻችን ለአደረገው፤
ከባርነት ወደ ነፃነት፣
ከሀዘን ወደ ደስታ፣
ከሀዘን ቀን ወደ ደስታ
ቀን ከጨለማ ወደ ትልቅ ብርሃን፣
ከባርነት ወደ ነፃነት
ኑ በፊቱ አዲስ መዝሙር እንዘምር፤
ሃሌ ሉያ።

הללויה

הללו עבדי יי הללו את
שם יי יהי שם יי מבורך
מעתה ועד עולם ממזרח

הַלְלוּיָהּ

הַלְלוּ עַבְדֵי יהוה, הַלְלוּ אֶת־שֵׁם יהוה:
יְהִי שֵׁם יהוה מְבֹרָךְ, מֵעַתָּה וְעַד־עוֹלָם:
מִמִּזְרַח־שֶׁמֶשׁ עַד־מְבוֹאוֹ, מְהֻלָּל שֵׁם יהוה:
רָם עַל־כָּל־גּוֹיִם יהוה, עַל הַשָּׁמַיִם כְּבוֹדוֹ:
מִי כַּיהוה אֱלֹהֵינוּ, הַמַּגְבִּיהִי לָשָׁבֶת:
הַמַּשְׁפִּילִי לִרְאוֹת, בַּשָּׁמַיִם וּבָאָרֶץ:
מְקִימִי מֵעָפָר דָּל, מֵאַשְׁפֹּת יָרִים אֶבְיוֹן:
לְהוֹשִׁיבִי עִם־נְדִיבִים, עִם נְדִיבֵי עַמּוֹ:
מוֹשִׁיבִי עֲקֶרֶת הַבַּיִת, אֵם־הַבָּנִים שְׂמֵחָה

הַלְלוּיָהּ:

ሀሌ ሉያ

የእግዚአብሔር ባሪያዎች ሆይ፤ አመስግኑት፤ የእግዚአብሔርንም ስም አመስግኑ።
ከዛሬ ጀምሮ እስከ ዘላለም ድረስ፤ የእግዚአብሔር ስም ቡሩክ ይሁን።
ከፀሐይ መውጫ ጀምሮ እስከ መግቢያው ድረስ፤ የእግዚአብሔር ስም ይመስገን።
እግዚአብሔር በአሕዛብ ሁሉ ላይ ኃያል ነው፤ ክብሩም ከሰማያት በላይ ነው።
እንደ አምላካችን እንደ እግዚአብሔር ማን ነው? በላይ የሚኖር፤
በሰማይና በምድር የተዋረዱትን የሚያይ፣ ከአለቆች ጋር፣
ከሕዝቡም አለቆች ጋር ያኖረው ዘንድ፤ ችግረኛን ከመሬት የሚያነሳ፤
ምስኪኑንም ከመሬት ከፍ፣ ከፍ የሚያደርግ፤
መካኒቱን በቤት የሚያኖራት፤ ደስ የተሰኘች የልጆች እናት

የሚያደርጋት።

እስራኤል ከግብጽ፤
የያዕቆብም ቤት፣

ከእንግዳ ሕዝብ ባወጣ ጊዜ፤
ይሁዳ መቅደሱ፤ እስራኤልም ግዛቱ ሆነ።

ባሕር አየች፣ ሸሸችም፤
ዮርዳኖስም ወደ ኋላው ተመለሰች።

ተራሮች እንደ ኮርማዎች፤
ኮረብቶችም እንደ ጠቦቶች ዘለሉ።

አንች ባሕር የሸሸሽ፣
አንቺም ዮርዳኖስ ወደ ኋላሽ የተመለስሽ፣

ምን ሆናችኋል? እናንተም ተራሮች፣
እንደ ኮርማዎች፣ ኮረብቶችስ፣

እንደ ጠቦቶች ለምን ዘለላችሁ?
ከያዕቆብ አምላክ ፊት፤ ከጌታ ፊት ምድር ተናወጠች፤

ድንጋዩን ወደ ውኃ መቆሚያ፣
ጭንጫውንም ወደ ውኃ ምንጭ ተለወጠ።

בְּצֵאת יִשְׂרָאֵל מִמִּצְרָיִם
בֵּית יַעֲקֹב מֵעַם לֹעֵז:

הָיְתָה יְהוּדָה לְקָדְשׁוֹ
יִשְׂרָאֵל מַמְשְׁלוֹתָיו:

הַיָּם רָאָה וַיָּנֹס
הַיַּרְדֵּן יִסֹּב לְאָחוֹר:

הֶהָרִים רָקְדוּ כְאֵילִים
גְּבָעוֹת כִּבְנֵי־צֹאן:

מַה־לְּךָ הַיָּם כִּי תָנוּס
הַיַּרְדֵּן תִּסֹּב לְאָחוֹר:

הֶהָרִים תִּרְקְדוּ כְאֵילִים
גְּבָעוֹת כִּבְנֵי־צֹאן:

מִלִּפְנֵי אָדוֹן חוּלִי אָרֶץ
מִלִּפְנֵי אֱלוֹהַּ יַעֲקֹב:

הַהֹפְכִי הַצּוּר אֲגַם־מָיִם
חַלָּמִישׁ לְמַעְיְנוֹ־מָיִם:

እስራኤልን የታደገ እስከ ሚለው ድረስ የወይኑን ጽዋ ከፍ ያድርግ።

ብሩክ አንተ እግዚአብሔር አምላካችን የዓለም ንጉሥ
እኛንና አባቶቻችን ከግብጽ የታደገን፣
በዚህ ሌሊት ማጻና ማሮር እንበላበት ዘንድ ያደረሰን፤
እንዲሁም እግዚአብሔር አምላካችንና የአባቶቻችን
አምላክ ደግሞ ሌሎችን በዓላት፣
የደስታ ቀናት፣
በእግር ወደ እየሩሳሌም የሚሄድባቸው በዓሎች ያድርሰን፤
ከተማህን በመገንባት አስደስተን፤
በአገለግሎትህም ተደሰተን፣
ከመስዋእቶችና ከፋሲካው ቁርባን፤
በፈቃድህ ደማቸው
ከመሰውያህ ግድግዳ ከሚደርሰው
በዚያ እንበላለን።
በአዲስ መዝሙርም
ስለ ትድገታችንና
ስለ ነፍሳችን መዳን እናመሰግንሃለን።
ብሩክ አንተ እግዚአብሔር እስራኤልን የታደገ።

ወደ ግራ ዘንበል ብሎ ያለቡራኬ ይጠጣ

ከዚህ ላይ አንዳንዶቹ አንተ አባቶቻችንን ከግብፅ ምድር ታደጋቸው የሚለውን በገፅ 140 መዝሙር ይዘምራሉ

בָּרוּךְ אַתָּה יהוה אֱלֹהֵינוּ מֶלֶךְ הָעוֹלָם
אֲשֶׁר גְּאָלָנוּ, וְגָאַל אֶת אֲבוֹתֵינוּ מִמִּצְרַיִם
וְהִגִּיעָנוּ הַלַּיְלָה הַזֶּה, לֶאֱכֹל בּוֹ מַצָּה וּמָרוֹר.
כֵּן יהוה אֱלֹהֵינוּ וֵאלֹהֵי אֲבוֹתֵינוּ
יַגִּיעֵנוּ לְמוֹעֲדִים וְלִרְגָלִים אֲחֵרִים
הַבָּאִים לִקְרָאתֵנוּ לְשָׁלוֹם
שְׂמֵחִים בְּבִנְיַן עִירֶךָ
וְשָׂשִׂים בַּעֲבוֹדָתֶךָ
וְנֹאכַל שָׁם
מִן הַזְּבָחִים וּמִן הַפְּסָחִים
אֲשֶׁר יַגִּיעַ דָּמָם
עַל קִיר מִזְבַּחֲךָ לְרָצוֹן
וְנוֹדֶה לְּךָ
שִׁיר חָדָשׁ
עַל גְּאֻלָּתֵנוּ
וְעַל פְּדוּת נַפְשֵׁנוּ
בָּרוּךְ אַתָּה יהוה, גָּאַל יִשְׂרָאֵל.

שותים כוס שני בהסבת שמאל בלא ברכה.

במקצת קהילות נהגו לשורר כאן את הפיוט "אתה גאלת" (עמ' 141).

רחצה ራሀጸ (ራሀጽ) መታጠብ *እጆቹን ከታጠበ በኋላ የእጅ ትጥብ ቡራኬን ይባርክ።*

ብሩክ አንተ እግዚአብሔር አምላካችን የዓለም ንጉሥ
በትእዛዛቶቹ የቀደሰን ስለ እጅ መታጠብም ያዘዘን።

מוציא מצה ሞጼ፣ ማጻ *በሴደሩ ካስቀመጣቸው ማጻዎች ይወስድ፣*
የተቆረሰችውን ባልተቆረሱት ሁለቱ መሀከል በማድረግ ሦስቱን በአንድላይ ይዞ «ሀሞጼ» ይባርክ፣
ሆን ብሎ በተቆረሰችው ማጻ ላይ ደግሞ «አል አሂይላት ማጻ» ይባርክ።
ከዚህ በኋላ ካልተቆረሰችው ካላይኛዋ ማጻ ሁለት ከዛይት ይውሰድና በጨው ውኃ ነክሮ
ወደ ግራ ዘንበል ብሎ ይብላ።

ብሩክ አንተ እግዚአብሔር አምላካችን የዓለም ንጉሥ
ዳቦን ከመሬት የሚያወጣ።

ብሩክ አንተ እግዚአብሔር አምላካችን የዓለም ንጉሥ
በትእዛዛቶቹ የቀደሰን ያልቦካ ቂጣ እንድንበላ ያዘዝከን።

מרור መራራ ቅጠል *ሁሉም የማዕድ ተሳታፊዎች ከዛይት መራራ ቅጠል ይውሰድና ሀሮሴት አድርጎ ወደ ግራ ዘንበል ሳይል ባርኮ ይብላ።*

ብሩክ አንተ እግዚአብሔር አምላካችን የዓለም ንጉሥ
በትእዛዛቶቹ የቀደሰነ ስለ መራራ መብላት ያዘዘን።

כורך መጠቅለል *ቤተ-መቅደሱ በነበረበት ጊዜ የፋሲካን ቁርባን ሲበሉ ስለ ፋሲካ ቁርባን ብለው ይባርኩ ነበር:: ሂሌል ሃዛኬን ማፃውን ከመራራው ቅጠል ጋር ይብሉት የሚለውን ትእዛዝ ለመፈፀም የፋሲካን ቁርባን ሥጋ ከማፃውና ከመራራው ቅጠል ጋር ጠቅልሎ ይበላ ነበር:: በአሁኑ ጊዜ የፋሲካን ቁርባን ስለሌለን ስለዚህ መብል አንባርክም:: ነገር ግን ቤተ-መቅደሱ በነበረበት ጊዜ የነበረውን ቁርባን ለማስታወስ ማፃውን ከመራራው ቅጠል ጋር ጠቅለለን እንበላለን::*
ከሥር ካለው ማፃ ከዘይት የሚያህል መጠን ወስዶ ከዘይት የሚያህል መጠን መራራ ቅጠል ወስዶ ወይም ከፊቱ ካለው ማፃ ሽመራ ጋር ጠቅልሎ (በሃሮሴት ጋር የሚነከሩ አሉ) እንዲህም ይላሉ :-

(ያለቡራኬ ማፃ ኡ ማሮር ይባላል)

ለመቅደሱ ማስታወሻ ማፃውን ከመራራ ቅጠል ጋር ይብሉት የሚለውን
ትእዛዝ ለመፈፀም እንደ ሂሌል ሃዛቄን (ፋሲካ፣ ማፃና ማሮር) ጠቅልሎ
በአንዴ እንደሚበላው እንዲሁም በእኛ ጊዜ ያድስልን::
ያለ ቡራኬ ወደ ግራ ዘንበል በማለት ይበላል።

ወደ ግራ ዘንበል ብሎ ይበላል

רחצה נוטלים את הידיים לסעודה ולפני הניגוב מברכים:

בָּרוּךְ אַתָּה יהוה אֱלֹהֵינוּ מֶלֶךְ הָעוֹלָם
אֲשֶׁר קִדְּשָׁנוּ בְּמִצְוֹתָיו, וְצִוָּנוּ עַל נְטִילַת יָדָיִם.

מוציא מצה נוטל את שלוש המצות, וקודם שיברך המוציא, אומר:

עֵינֵי־כֹל אֵלֶיךָ יְשַׂבֵּרוּ, וְאַתָּה נוֹתֵן־לָהֶם אֶת־אָכְלָם בְּעִתּוֹ: תהלים קמה
פּוֹתֵחַ אֶת־יָדֶךָ, וּמַשְׂבִּיעַ לְכָל־חַי רָצוֹן:

בָּרוּךְ אַתָּה יהוה אֱלֹהֵינוּ מֶלֶךְ הָעוֹלָם
הַמּוֹצִיא לֶחֶם מִן הָאָרֶץ.

מניח את המצה התחתונה מידו, אוחז את העליונה ואת האמצעית (הפרוסה), ומברכים:

בָּרוּךְ אַתָּה יהוה אֱלֹהֵינוּ מֶלֶךְ הָעוֹלָם
אֲשֶׁר קִדְּשָׁנוּ בְּמִצְוֹתָיו, וְצִוָּנוּ עַל אֲכִילַת מַצָּה.

נוטל לעצמו ונותן לכל אחד מן המסובים כזית מן המצה העליונה
וכזית מן האמצעית (הפרוסה), ואוכלים אותם יחד בהסבת שמאל.

מרור נוטל כזית מרור וטובלו בחרוסת, מחלק לכל המסובים, ומברכים:

בָּרוּךְ אַתָּה יהוה אֱלֹהֵינוּ מֶלֶךְ הָעוֹלָם
אֲשֶׁר קִדְּשָׁנוּ בְּמִצְוֹתָיו, וְצִוָּנוּ עַל אֲכִילַת מָרוֹר.

כורך בזמן שבית המקדש היה קיים היו אוכלים מקרבן הפסח ומברכים על אכילת הפסח. הלל הזקן היה כורך את בשר קורבן הפסח עם המצה והמרור כדי לקיים את מה שנאמר בפסוק על "מצות ומרורים יאכלהו". כיום, כיוון שאין לנו קרבן פסח, אין אנו מברכים על אכילה זו אלא כורכים רק את המצה ואת המרור לזכר אכילת הקרבן בזמן שבית המקדש היה קיים.
נוטל מן המצה התחתונה כזית, כורך עמה כזית מן המרור ומחלק למסובים, או שכל אחד מהם נוטל מן המצה השמורה שלפניו וכורך (ויש שנוהגים לטבל בחרוסת), ואומרים:

(מַצָּה וּמָרוֹר בְּלֹא בְּרָכָה)

זֵכֶר לְמִקְדָּשׁ כְּהִלֵּל. כֵּן עָשָׂה הִלֵּל בִּזְמַן שֶׁבֵּית הַמִּקְדָּשׁ הָיָה קַיָּם:
שֶׁהָיָה כּוֹרְכָן (פֶּסַח, מַצָּה וּמָרוֹר) וְאוֹכְלָן בְּבַת אַחַת
לְקַיֵּם מַה שֶּׁנֶּאֱמַר: עַל־מַצּוֹת וּמְרֹרִים יֹאכְלֻהוּ: במדבר ט

אוכלים בהסבת שמאל.

שלחן עורך ሹልሀን አሬህ (ሰደቃ) *ይበላል ይጠጣል፣*

እንደ እግዚአብሔር በረከት ይበላል ይጠጣል ቅድሚያ እንቁላል የሚበሉም አሉ እንዲህም ይላሉ፡-

የበዓሉ ቁርባን ማስታወሻ

צפון ጻፎን *ምግቡ እንዳበቃ ለአፊኮማን ከተደበቀው ግማሽ ማፃ ከዘይት ሁለት ማፃ ወስዶ(አንዱ ለፋሲካ ቁርባን፤ አንዱ ከፋሲካው ጋር የሚበላው ማፃ ማስታወሻ) ለማዕዱ ተሳታፊዎች ይሰጣል (ከፊቱ ካለው ማፃ ሽሙራ ይወስዳሉ) ከመብላታቸው በፊት እንዲህ ይላሉ፡፡*

በጥጋብ የሚበለው የፋሲካ ቁርባን ማስታወሻ

ברך ባሬኽ (መባረክ) *ሦስተኛውን ጽዋ ይቀዳና የመጨረሻ እጅ መታጠብ ሥርዓት ይፈፅማል፤ ከዚያም ጽዋውን በቀኝ እጁ ይዞ፡-*

ለመዘምራን አለቃ፤ በበገናዎች፤ የዳዊት መዝሙር።
እግዚአብሔር ይማረን ይባርከንም፥ ፊቱንም በላያችን ያብራ፤
በአሕዛብ ሁሉ መካከል ማዳንህን፥ መንገድህንም በምድር እናውቅ ዘንድ።
አቤቱ፥ አሕዛብ ያመስግኑህ፥ አሕዛብ ሁሉ ያመስግኑህ።
ለአሕዛብ በቅን ትፈርድላቸዋለህና፥ አሕዛብንም በምድር ላይ ትመራለህና
አሕዛብ ደስ ይበላቸው ሐሤትም ያድርጉ።
አቤቱ፥ አሕዛብ ያመስግኑህ፥ አሕዛብ ሁሉ ያመስግኑህ።
ምድር ፍሬዋን ሰጠች፤ እግዚአብሔር አምላካችንም ይባርከናል።
እግዚአብሔር ይባርከናል፥ የምድርም ዳርቻ ሁሉ ይፈሩታል።

ጽዋውን በቀኝ እጁ ይዞ

እግዚአብሔርን ሁልጊዜ እባርከዋለሁ፥
ምስጋናውንም ዘወትር በአፌ ነው።
የነገሩን ሁሉ ፍጻሜ እንስማ፤ ይህ የሰው ሁለንተናው ነውና፤
እግዚአብሔርን ፍራ፥ ትእዛዙንም ጠብቅ።
አፌ የእግዚአብሔርን ምስጋና ይናገራል፤
ሥጋም ሁሉ ለዘላለም ዓለም የተቀደሰውን ስሙን ይባርክ።
እኛ ሕያዋን ግን ከዛሬ ጀምሮ እስከ ዘላለም
እግዚአብሔርን እንባርካለን። ሃሌ ሉያ።
በእግዚአብሔር ፊት ያለችው ገበታ ይህች ናት አለኝ።

שלחן עורך אוכלים ושותים כברכת ה׳.

יש שנוהגים לאכול ביצה וקודם שיאכלוה אומרים:

זֵכֶר לְקָרְבַּן חֲגִיגָה.

צפון בגמר הסעודה מוציא את חצי המצה שהצפין לאפיקומן,
נוטל כשני זיתים (אחד זכר לקרבן פסח ואחד זכר למצה הנאכלת עם הפסח)
ונותן גם למסובים (או שהם נוטלים מן המצה השמורה שלפניהם) וקודם שיאכלוהו אומרים:

זֵכֶר לְקָרְבַּן פֶּסַח הַנֶּאֱכָל עַל הַשָּׂבָע.

ברך מוזגים כוס שלישי, נוטלים מים אחרונים, אוחז את הכוס בימינו

לַמְנַצֵּחַ בִּנְגִינֹת, מִזְמוֹר שִׁיר: תהלים סז
אֱלֹהִים יְחָנֵּנוּ וִיבָרְכֵנוּ, יָאֵר פָּנָיו אִתָּנוּ סֶלָה:
לָדַעַת בָּאָרֶץ דַּרְכֶּךָ, בְּכָל־גּוֹיִם יְשׁוּעָתֶךָ:
יוֹדוּךָ עַמִּים אֱלֹהִים, יוֹדוּךָ עַמִּים כֻּלָּם:
יִשְׂמְחוּ וִירַנְּנוּ לְאֻמִּים
כִּי־תִשְׁפֹּט עַמִּים מִישֹׁר, וּלְאֻמִּים בָּאָרֶץ תַּנְחֵם סֶלָה:
יוֹדוּךָ עַמִּים אֱלֹהִים, יוֹדוּךָ עַמִּים כֻּלָּם:
אֶרֶץ נָתְנָה יְבוּלָהּ, יְבָרְכֵנוּ אֱלֹהִים אֱלֹהֵינוּ:
יְבָרְכֵנוּ אֱלֹהִים, וְיִירְאוּ אוֹתוֹ כָּל־אַפְסֵי־אָרֶץ:

אוחז את הכוס בימינו:

אֲבָרְכָה אֶת־יהוה בְּכָל־עֵת, תָּמִיד תְּהִלָּתוֹ בְּפִי. תהלים לד
סוֹף דָּבָר הַכֹּל נִשְׁמָע קהלת יב
אֶת־הָאֱלֹהִים יְרָא וְאֶת־מִצְוֹתָיו שְׁמוֹר
כִּי־זֶה כָּל־הָאָדָם:
תְּהִלַּת יהוה יְדַבֶּר פִּי תהלים קמה
וִיבָרֵךְ כָּל־בָּשָׂר שֵׁם קָדְשׁוֹ לְעוֹלָם וָעֶד:
וַאֲנַחְנוּ נְבָרֵךְ יָהּ מֵעַתָּה וְעַד־עוֹלָם, הַלְלוּיָהּ: תהלים קטו
וַיְדַבֵּר אֵלַי, זֶה הַשֻּׁלְחָן אֲשֶׁר לִפְנֵי יהוה: יחזקאל מא

ברוך שאכלנו משלו
ובטובו חיינו
ברוך הוא שאכלנו
משלו ובטובו חיינו

ברוך הוא וברוך
שמו ברוך אתה יי
אלהינו מלך העולם
הזן את העולם כלו

שלושה שאכלו כאחד חייבים לזמן:

המזמן: הַב לָן וְנִבְרִיךְ
מַלְכָּא עִלָּאָה קַדִּישָׁא

המסובים: בִּרְשׁוּת שָׁמַיִם

בשבת: וּבִרְשׁוּת שַׁבָּת מַלְכְּתָא
וּבִרְשׁוּת יוֹמָא טָבָא קַדִּישָׁא
וּבִרְשׁוּת מוֹרַי וְרַבּוֹתַי וּבִרְשׁוּתְכֶם

המזמן: נְבָרֵךְ (במנין: אֱלֹהֵינוּ) שֶׁאָכַלְנוּ מִשֶּׁלּוֹ.

המסובים: בָּרוּךְ (במנין: אֱלֹהֵינוּ) שֶׁאָכַלְנוּ מִשֶּׁלּוֹ וּבְטוּבוֹ חָיִינוּ.

המזמן: בָּרוּךְ (במנין: אֱלֹהֵינוּ) שֶׁאָכַלְנוּ מִשֶּׁלּוֹ וּבְטוּבוֹ חָיִינוּ.

ሦስት ሰዎች በአንድ ላይ የበሉ እንድሆን መጋበዝ ያስፈልጋል- የሚጋብዘው

ጋባዡ፡- ክቡራን እንባርክ

የማዕዱ ተሳታፊዎች፡- በእግዚአብሔር ፍቃድ
በሠንበት፡- በንግስቷ ሠንበት ፍቃድና
በተቀደሰው በዓላት ፍቃድ
ክቡራን በፍቃዳችሁ

ጋባዡ፡- የበላነው የእርሱ የሆነውን ነው፤

የማዕዱ ተሳታፊዎች፡- የበላነው የእርሱ የሆነውን ነው፤ በቸርነቱ ሕያው ሆንን
ያለነው (*አስር ወንዶች በአንድ ላይ ከበሉ፡-* አምላካችን) ብሩክ ነው።

ጋባዡ፡- የበላነው የእርሱ የሆነውን ነው፤ በቸርነቱ ሕያው ሆንን
ያለነው (*አስር ወንዶች በአንድ ላይ ከበሉ፡-* አምላካችን) ብሩክ ነው።

ብሩክ አንተ እግዚአብሔር አምላካችን የዓለም ንጉሥ፤
ዓለምን በሙሉ በመልካምነቱና በርህራሄ የሚመግብ፤
እርሱ ለሥጋ ሁሉ እንጀራን ይሰጣል ምክንያቱም ቸርነቱ ለዘላለም ነው።
በታላቅ ቸርነቱም የዘወትር ምግብ አልጎደለብንም፤
የዘወትር ምግብም ለዘላለም አይጉደልብን።
ስለ ትልቁ ስሙ፤
ምክንያቱም እርሱ ሁሉን የሚቀልብና የሚያበላ
ለሁሉም መልካም የሚያደርግ አምላክ ነው፤
ለፈጠራቸው ፍጥረታት ሁሉ ምግብን ያዘጋጃል።
ብሩክ አንተ እግዚአብሔር ሁሉን የምትመግብ።

አቤቱ እግዚአብሔር አምላካችን እናመሰግንሃልን፤
ለአባቶቻችን የተዋበች፣
መልካምና ሰፊ አገር፣
ቃል ኪዳንና ኦሪት፣ ሕይዎትና ምግብ ስላወረስከን
ከግብፅ ምድር ስላወጣህን
ከባርነት ቤትም ነፃ ያወጣህን፡፡
ቃል ኪዳንህን በሥጋችን ላይ ስላተምህ
ኦሪትህን ስለአስተማርከን፤
ፍቃደኛ ህግህን እድናውቅ ስለአደረግህ
ስለ ሕይዎትና ምግብ አንተ እኛን ስለምትመግበን ስለምታበላን፡፡

ስለሁሉም አቤቱ እግዚአብሔር አምላካችን እኛ እናመሰግንሃለን ስምህንም እንባርካለን፡፡ እንደተባለው ትበላለህ ትጠግብማለህ እግዚአብሔር አምላክህን ትባርካለህ ከመልካሚቱ ምድር ላይ ብሩክ አንተ እግዚአብሔር ስለምድሪቱና ስለምግቧ፡፡

בָּרוּךְ אַתָּה יהוה אֱלֹהֵינוּ מֶלֶךְ הָעוֹלָם
הָאֵל הַזָּן אוֹתָנוּ וְאֶת הָעוֹלָם כֻּלּוֹ בְּטוּבוֹ
בְּחֵן בְּחֶסֶד בְּרֶוַח וּבְרַחֲמִים רַבִּים
נוֹתֵן לֶחֶם לְכָל בָּשָׂר כִּי לְעוֹלָם חַסְדּוֹ.
וּבְטוּבוֹ הַגָּדוֹל, תָּמִיד לֹא חָסַר לָנוּ
וְאַל יֶחְסַר לָנוּ מָזוֹן תָּמִיד לְעוֹלָם וָעֶד
כִּי הוּא אֵל זָן וּמְפַרְנֵס וְשֻׁלְחָנוֹ עָרוּךְ לַכֹּל
וְהִתְקִין מִחְיָה וּמָזוֹן לְכָל בְּרִיּוֹתָיו אֲשֶׁר בָּרָא.
בְּרַחֲמָיו וּבְרֹב חֲסָדָיו
כָּאָמוּר, פּוֹתֵחַ אֶת יָדֶךָ וּמַשְׂבִּיעַ לְכָל חַי רָצוֹן.
בָּרוּךְ אַתָּה יהוה, הַזָּן אֶת הַכֹּל.

נוֹדֶה לְךָ יהוה אֱלֹהֵינוּ
עַל שֶׁהִנְחַלְתָּ לַאֲבוֹתֵינוּ
אֶרֶץ חֶמְדָּה טוֹבָה וּרְחָבָה
בְּרִית וְתוֹרָה, חַיִּים וּמָזוֹן
עַל שֶׁהוֹצֵאתָנוּ מֵאֶרֶץ מִצְרַיִם
וּפְדִיתָנוּ מִבֵּית עֲבָדִים
וְעַל בְּרִיתְךָ שֶׁחָתַמְתָּ בִּבְשָׂרֵנוּ
וְעַל תּוֹרָתְךָ שֶׁלִּמַּדְתָּנוּ
וְעַל חֻקֵּי רְצוֹנָךְ שֶׁהוֹדַעְתָּנוּ
וְעַל חַיִּים וּמָזוֹן שֶׁאַתָּה זָן וּמְפַרְנֵס אוֹתָנוּ.

עַל הַכֹּל, יהוה אֱלֹהֵינוּ
אֲנַחְנוּ מוֹדִים לָךְ וּמְבָרְכִים אֶת שְׁמָךְ
כָּאָמוּר: וְאָכַלְתָּ וְשָׂבָעְתָּ, וּבֵרַכְתָּ אֶת־יהוה אֱלֹהֶיךָ דברים ח
עַל־הָאָרֶץ הַטֹּבָה אֲשֶׁר נָתַן־לָךְ:
בָּרוּךְ אַתָּה יהוה, עַל הָאָרֶץ וְעַל הַמָּזוֹן.

አቤቱ እግዚአብሔር አምላካችን
ስለ እኛ ስለ ሕዝብህ እስራኤል ራራ
ስለ ከተማህ እየሩሳሌም
ስለ ፅዮንና ተራራና ስለ ክብርህ ማደሪያ
ስለ መቅደስህ ስለ ማደሪያህ ሥፍራና ስለ ቃላትህ
ስምህ ስለተጠራበት ስለ ትልቁና የተቀደሰው ቤት
አባታችን ሆይ ጠብቀን፣ መግበን፣ ቀልበን፣ አሳርፈን፣
ከጭንቀታችን ሁሉ በተሎው አሳርፈን
አቤቱ አምላካችን ከሰው እጅ ስጦታና ብድራቸውንም እድንፈልግ አታድርግ
ይልቅስ ከሞላችውና ከሰፊቱ ከሃብታሟና ከተከፈችው እጅህ ስጠን
በዚህ ዓለም እንዳናፍርና በሚመጣው ዓለም እንዳንዋረድ ፍቃድ ይሁን
የመሲህህ የዳዊት-ቤት መንግስትን በተሎው በጊዚያችን መሥፋራዋ መልሳት

በሰንበት ይህን ይጨምር፣ **ፈቃድህ ይሁንና** አጠንክረን
አቤቱ እግዚአብሔር አምላካችን በትእዛዛቶችህና
በሰባተኛው ቀን ትእዛዝ ይህ ትልቅና ቅዱስ ሰንበት
ከፊትህ ትልቅና ቅዱስ ቀን ነውና
በእርሱ እንረፍ በእርሱም እንደሰት እንደፍላጎትህ የሥርዓቶችን
ትእዛዝ፤
በእረፍታችን ቀን ጭንቀትና ሃዘን አይሁንብን፤
የፅዮንን መጽናናት በተሎው በጊዜአችን አሳየን፤
ባለአፅናኙ አንተ ነህና፡፡
ብንበላም ብንጠጣም ቅሉ
የፈረሰውንና ትልቁን ቅዱስ ቤትህን አልረሳነም፡፡
ለዘላለም አትረሳን፤ ለዘላለም ቸል አትበለን፡፡
ምክኒያቱም አንተ ትልቅና ቅዱስ ንጉሥ አምላክ አንተ ነህና፡፡

רַחֵם יהוה אֱלֹהֵינוּ
עָלֵינוּ וְעַל יִשְׂרָאֵל עַמֶּךָ
וְעַל יְרוּשָׁלַיִם עִירֶךָ
וְעַל הַר צִיּוֹן מִשְׁכַּן כְּבוֹדֶךָ
וְעַל הֵיכָלְךָ וְעַל מְעוֹנְךָ וְעַל דְּבִירֶךָ
וְעַל הַבַּיִת הַגָּדוֹל וְהַקָּדוֹשׁ שֶׁנִּקְרָא שִׁמְךָ עָלָיו.
אָבִינוּ, רְעֵנוּ, זוּנֵנוּ, פַּרְנְסֵנוּ, כַּלְכְּלֵנוּ
הַרְוִיחֵנוּ, הַרְוַח לָנוּ מְהֵרָה מִכָּל צָרוֹתֵינוּ.
וְנָא, אַל תַּצְרִיכֵנוּ, יהוה אֱלֹהֵינוּ, לִידֵי מַתְּנוֹת בָּשָׂר וָדָם
וְלֹא לִידֵי הַלְוָאָתָם (שֶׁמַּתְּנָתָם מְעֻטָּה וְחֶרְפָּתָם מְרֻבָּה).
אֶלָּא לְיָדְךָ הַמְּלֵאָה וְהָרְחָבָה, הָעֲשִׁירָה וְהַפְּתוּחָה.
שֶׁלֹּא נֵבוֹשׁ בָּעוֹלָם הַזֶּה, וְלֹא נִכָּלֵם לָעוֹלָם הַבָּא
וּמַלְכוּת בֵּית דָּוִד מְשִׁיחָךְ תַּחֲזִירֶנָּה לִמְקוֹמָהּ בִּמְהֵרָה בְיָמֵינוּ.

בשבת מוסיפים: **רְצֵה** וְהַחֲלִיצֵנוּ
יהוה אֱלֹהֵינוּ, בְּמִצְוֹתֶיךָ
וּבְמִצְוַת יוֹם הַשְּׁבִיעִי הַשַּׁבָּת הַגָּדוֹל וְהַקָּדוֹשׁ הַזֶּה
כִּי יוֹם זֶה גָּדוֹל וְקָדוֹשׁ הוּא מִלְּפָנֶיךָ
נִשְׁבֹּת בּוֹ וְנָנוּחַ בּוֹ וְנִתְעַנֵּג בּוֹ כְּמִצְוַת חֻקֵּי רְצוֹנֶךָ
וְאַל תְּהִי צָרָה וְיָגוֹן בְּיוֹם מְנוּחָתֵנוּ
וְהַרְאֵנוּ בְּנֶחָמַת צִיּוֹן בִּמְהֵרָה בְיָמֵינוּ
כִּי אַתָּה הוּא בַּעַל הַנֶּחָמוֹת.
וַהֲגַם שֶׁאָכַלְנוּ וְשָׁתִינוּ
חָרְבַּן בֵּיתְךָ הַגָּדוֹל וְהַקָּדוֹשׁ לֹא שָׁכַחְנוּ.
אַל תִּשְׁכָּחֵנוּ לָנֶצַח וְאַל תִּזְנָחֵנוּ לָעַד
כִּי אֵל מֶלֶךְ גָּדוֹל וְקָדוֹשׁ אָתָּה.

አምላካችን የአባቶቻችን አምላክ፤

ይምጣ፣ ይዝለቅ፣

ይድረስ፣ ይታይም፣ ይፈቀድ፣ ይሰማ፣ ይቆጠር፣ ይታሰብ፣
መታዎሻችንና የከተማህ የእየሩሳሌም
መታወሻ የባሪያህ የዳዊት ልጅ የመሲሁ
መታወሻ የሕዝብህ የእስራኤል ቤት ሁሉ
መታወሻ በፊትህ ይታወስ፡፡
ለማዳን፣ ለመልካም፣ ለምሥጋና፣
ለርህራሄና ለቸርነትህም በዚህ የቂጣ በዓል፣
በዚህ የተቀደሰ ጉባኤ ተብሎ
በሚጠራው ቀን እኛን በእርሱ ለመቸርና
ለመርዳት እግዚአብሔር አምላካችን
በእርሱ ለመልካም አስበን።
በእርዳታና በቸርነት ነገር ራራ ተመስገንም፣
አይኖቻችንም ወደ አንተ ናቸውና አንተ
ሩህሩህና ቸር ንጉሥ አምላክ ነህና።

ቅድስቷን ከተማህን እየሩሳሌምን በዘመናችን ገንባት፤
ብሩክ አንተ እግዚአብሔር በቸርነቱ እየሩሳሌምን የሚገነባ፤ አሜን።

ብሩክ አንተ እግዚአብሔር አምላካችን የዓለም ንጉሥ፤
አምላካችን፣ አባታችን ንጉሳችን ኃያላችን፣
ፈጣሪያችን፣ ታዳጊያችን፣ ቀዳሻችን፣ የያዕቆብ ቅዱስ፣
እረኛችን፣ የእስራኤል እረኛ
መልካሙ ንጉሥ ለሁሉም ዘወትር መልካም የሚያደርግ፤
በየቀኑም ሁሉ እርሱ ነው፣
እርሱ መልካም ነው፣ እርሱ መልካም የሚያደርግ። እርሱ ታደገን፣
እርሱ ይታደገናል፣ እርሱ ነው ለዘላለም የሚታደገን ፤ ሞገስ ቸርነት ርህራሄ
እረፍትና አድኖት መልካምም ሁሉ ፡፡ አሜን

אֱלֹהֵינוּ וֵאלֹהֵי אֲבוֹתֵינוּ

יַעֲלֶה וְיָבוֹא יַגִּיעַ, יֵרָאֶה וְיֵרָצֶה, יִשָּׁמַע, יִפָּקֵד
וְיִזָּכֵר זִכְרוֹנֵנוּ וְזִכְרוֹן אֲבוֹתֵינוּ
זִכְרוֹן יְרוּשָׁלַיִם עִירֶךָ
וְזִכְרוֹן מָשִׁיחַ בֶּן דָּוִד עַבְדֶּךָ
וְזִכְרוֹן כָּל עַמְּךָ בֵּית יִשְׂרָאֵל
לְפָנֶיךָ, לִפְלֵיטָה לְטוֹבָה, לְחֵן וּלְחֶסֶד וּלְרַחֲמִים
לְחַיִּים טוֹבִים וּלְשָׁלוֹם
בְּיוֹם חַג הַמַּצּוֹת הַזֶּה, בְּיוֹם טוֹב מִקְרָא קֹדֶשׁ הַזֶּה.
לְרַחֵם בּוֹ עָלֵינוּ וּלְהוֹשִׁיעֵנוּ.
זָכְרֵנוּ יהוה אֱלֹהֵינוּ בּוֹ לְטוֹבָה
וּפָקְדֵנוּ בוֹ לִבְרָכָה
וְהוֹשִׁיעֵנוּ בוֹ לְחַיִּים טוֹבִים.
בִּדְבַר יְשׁוּעָה וְרַחֲמִים, חוּס וְחָנֵּנוּ וַחֲמוֹל וְרַחֵם עָלֵינוּ, וְהוֹשִׁיעֵנוּ
כִּי אֵלֶיךָ עֵינֵינוּ, כִּי אֵל מֶלֶךְ חַנּוּן וְרַחוּם אָתָּה.

וּתְבְנֶה יְרוּשָׁלַיִם עִיר הַקֹּדֶשׁ בִּמְהֵרָה בְיָמֵינוּ.
בָּרוּךְ אַתָּה יהוה, בּוֹנֵה יְרוּשָׁלָיִם. בלחש: אָמֵן.

בָּרוּךְ אַתָּה יהוה אֱלֹהֵינוּ מֶלֶךְ הָעוֹלָם
לָעַד הָאֵל אָבִינוּ, מַלְכֵּנוּ, אַדִּירֵנוּ
בּוֹרְאֵנוּ, גּוֹאֲלֵנוּ, קְדוֹשֵׁנוּ, קְדוֹשׁ יַעֲקֹב
רוֹעֵנוּ, רוֹעֵה יִשְׂרָאֵל, הַמֶּלֶךְ הַטּוֹב וְהַמֵּטִיב לַכֹּל
שֶׁבְּכָל יוֹם וָיוֹם
הוּא הֵטִיב לָנוּ, הוּא מֵטִיב לָנוּ, הוּא יֵטִיב לָנוּ
הוּא גְמָלָנוּ, הוּא גוֹמְלֵנוּ, הוּא יִגְמְלֵנוּ לָעַד
חֵן וָחֶסֶד וְרַחֲמִים, וְרֶוַח וְהַצָּלָה וְכָל טוֹב. עונים: אָמֵן.

ሩህሩሁ በክብር ወንበሩ ላይ ይወደስ

ሩህሩሁ በሰማይና በምድር ይወደስ

ሩህሩሁ ለልጅ ልጅ በእኛ ይወደስ

ሩህሩሁ የሕዝቡን ክብሩ ያንሳ

ሩህሩሁ እርሱ ለዘላለም በእኛ ይደነቅ

ሩህሩሁ በንቀት ሳይሆን እርሱ በክብር ይመግበን፤ በፍቃድ እንጂ በስቃይ አይሁን

በጸጥታ እንጂ በስቃይ አይሁን፤ በበረከት እንጂ በቁጠባ አይሁን።

ሩህሩሁ እርሱ በመካከላችን ሰላም ይስጠን

ሩህሩሁ እርሱ ቡራኬን፣ በረከትን ጥሩ ውጤትን በእጃችን ሥራ ሁሉ ይላክልን

ሩህሩሁ እርሱ መንገዳችን ስኬታማ ያድርገው።

ሩህሩሁ እርሱ የአሕዛብን ቀንበር ከአንገታችን ላይ በፍጥነት ይሰበር።

ሩህሩሁ እርሱ ወደ አገራችን በኩራት በፍጥነት ይምራን።

ሩህሩሁ እርሱ በሙሉ ጤንነት የነፍስን ፈውስ፣ የሰውነት ፈውስ ይፈውሰን።

ሩህሩሁ እርሱ ሰፊውን እጁን ይክፍትልን።

ሩህሩሁ እርሱ ከእኛ እያንዳንዳችን ይባርከን
በታለቁ ስሙ ቅዱሶቹና ንፁሆቹ አባቶቻችን
አብርሃም፣ ይሳቅ፣ ያዕቆብ በሁሉም ነገር እንደተባረኩት
እንዲሁ እኛንም በተሟላ ቡራኬ ይባርከን።
እንዲሁ ፍቃዱ ሆኖ አሜንም እንበል።

ሩህሩሁ እርሱ የሰላምን ጥላ በላይችን ይዘርጋ።

הָרַחֲמָן הוּא יִשְׁתַּבַּח עַל כִּסֵּא כְבוֹדוֹ.

הָרַחֲמָן הוּא יִשְׁתַּבַּח בַּשָּׁמַיִם וּבָאָרֶץ.

הָרַחֲמָן הוּא יִשְׁתַּבַּח בָּנוּ לְדוֹר דּוֹרִים.

הָרַחֲמָן הוּא קֶרֶן לְעַמּוֹ יָרִים.

הָרַחֲמָן הוּא יִתְפָּאַר בָּנוּ לְנֵצַח נְצָחִים.

הָרַחֲמָן הוּא יְפַרְנְסֵנוּ בְּכָבוֹד וְלֹא בְּבִזּוּי, בְּהֶתֵּר וְלֹא בְאִסּוּר
בְּנַחַת וְלֹא בְצַעַר, בְּרֶוַח וְלֹא בְצִמְצוּם.

הָרַחֲמָן הוּא יִתֵּן שָׁלוֹם בֵּינֵינוּ.

הָרַחֲמָן הוּא יִשְׁלַח בְּרָכָה רְוָחָה וְהַצְלָחָה בְּכָל מַעֲשֵׂה יָדֵינוּ.

הָרַחֲמָן הוּא יַצְלִיחַ אֶת דְּרָכֵינוּ.

הָרַחֲמָן הוּא יִשְׁבּוֹר עֹל הַגּוֹיִם מְהֵרָה מֵעַל צַוָּארֵנוּ.

הָרַחֲמָן הוּא יוֹלִיכֵנוּ מְהֵרָה קוֹמְמִיּוּת לְאַרְצֵנוּ.

הָרַחֲמָן הוּא יְרַפְּאֵנוּ רְפוּאָה שְׁלֵמָה
רְפוּאַת הַנֶּפֶשׁ וּרְפוּאַת הַנְּשָׁמָה וּרְפוּאַת הַגּוּף.

הָרַחֲמָן הוּא יִפְתַּח לָנוּ אֶת יָדוֹ הָרְחָבָה.

הָרַחֲמָן הוּא יְבָרֵךְ כָּל אֶחָד וְאֶחָד מִמֶּנּוּ בִּשְׁמוֹ הַגָּדוֹל
כְּמוֹ שֶׁנִּתְבָּרְכוּ אֲבוֹתֵינוּ הַקְּדוֹשִׁים וְהַטְּהוֹרִים
אַבְרָהָם יִצְחָק וְיַעֲקֹב, בַּכֹּל, מִכֹּל, כֹּל
כֵּן יְבָרֵךְ אוֹתָנוּ יַחַד בִּבְרָכָה שְׁלֵמָה
וְכֵן יְהִי רָצוֹן וְנֹאמַר אָמֵן.

הָרַחֲמָן הוּא יִפְרוֹשׂ עָלֵינוּ סֻכַּת שְׁלוֹמוֹ.

በሰንበት ሩህሩሁ እርሱ ለዘላለም ዓለም የሆነ ፍፁም የእረፍት ሰንበት ያውረሰን

ሩህሩሁ እርሱ ወደ እኛ እየመጡ ወደሚቀርቡበት ሌሎች በዓላት በሰላም ያድርሰን፡፡

ሩህሩሁ እርሱ ሁሉ መልካም የሆነውን ቀን ያውርሰን፡፡

ሩህሩሁ እርሱ አራቱንና ፍቅሩን በልባችን ይትከል፡፡
ኀጢአት እንዳንሰራ ፍርሃቱ በፊታችን ይሁን፤ ሥራዎቻችን ሁሉ
ለእግዚአብሔር ስንል ይሁን፡፡

እንግዳ ከሆነ ይህን ይላል

ይህን የበላንበትን ጠረጴዛ እርሱ ይባርከው በዓለም ላይ የሚገኘው
ጥሩ ምግብ ሁሉ በእርሱ ላይ ያዘጋጅ፡፡
እንደ አባታችን አብርሃም ጠረጴዛ ይሁን፤
የራበው ሁሉ በእርሱ ላይ ይብላ፤ የጠማው ሁሉ በእርሱ ላይ ይጣጣ፡፡
መልካም የሆነው ሁሉ ከእርሱ አይጉደልበት፡፡ አሜን፡፡

ሩህሩሁ እርሱ ይህን የቤቱን ባለቤትና ይህችን ምግቡን ያዘጋጀችውን፤
እርሱን ልጆቹንም ሚስቱንም የእርሱ የሆነውንም ሁሉ እርሱ ይባርካቸው፤
ልጆቻቸው በሕይዎት እንዲኖሩ ሃብታቸው እንዲበዛ፤
ንብረቱንና የእጁን ሥራ እግዚአብሔር ይባርክ፤
ሃብቱም የሰመረና ከከተማ የቀረበ ይሁን፤
ሃጢአትና የሃበሳ ሃሳብ በእግዚአብሔር ፊት አይገኝበት፤
ሁሌ በፀጋና በክብር፤ ደስታና ፍስሃ ከአሁን እስከ ዘላለም ይሁን፤
በዚህ ዓለም አይፍር በሚመጣው ዓለም አይዋረድ፡፡
እንዲሁ ፍቃዱ ሆኖ አሜንም እንበል፡፡

ሩህሩሁ እርሱ በዚህ ጠረጴዛ ዙሪያ ያሉትን ይባርክ፤
የልባቸውን ሃሳብ ሁሉ ለመልካም ያሟላ፡፡

ሩህሩሁ እርሱ በሕይዎት ያኑረን፤ ለመሲሁ ዘመን፤
ለቤተ መቅደሱ መገንባት ለሚመጣው ዓለም ለሕይዎት ኑሮ ያብቃን፡፡
የንጉሡን መድኃኒት ታላቅ ያደርጋል፤ ቸርነቱንም ለቀባው፥
ለዳዊትና ለዘሩ፥ ለዘላለም ይሰጣል።
ባለጠጎች ደኸዩ፥ ተራቡም፥ እግዚአብሔርን የሚፈልጉትን ግን
ከመልካም ነገር ሁሉ አይጐድሉም።
ወጣት ነበርኩ አረጀሁም፤ ጻድቅ ሲጣል፥ ዘሩም እንጀራ ሲለምን አላየሁም።
ሁልጊዜ ይራራል ያበድርማል፥ ዘሩም በበረከት ይኖራል።

בשבת: הָרַחֲמָן הוּא יַנְחִילֵנוּ עוֹלָם שֶׁכֻּלּוֹ שַׁבָּת מְנוּחָה לְחַיֵּי הָעוֹלָמִים.

הָרַחֲמָן הוּא יַגִּיעֵנוּ לְמוֹעֲדִים אֲחֵרִים הַבָּאִים לִקְרָאתֵנוּ לְשָׁלוֹם.

הָרַחֲמָן הוּא יַנְחִילֵנוּ יוֹם שֶׁכֻּלּוֹ טוֹב.

הָרַחֲמָן הוּא יִטַּע תּוֹרָתוֹ וְאַהֲבָתוֹ בְּלִבֵּנוּ,
וְתִהְיֶה יִרְאָתוֹ עַל פָּנֵינוּ לְבִלְתִּי נֶחֱטָא, וְיִהְיוּ כָל מַעֲשֵׂינוּ לְשֵׁם שָׁמָיִם.

אורח אומר:

הָרַחֲמָן הוּא יְבָרֵךְ אֶת הַשֻּׁלְחָן הַזֶּה שֶׁאָכַלְנוּ עָלָיו וִיסַדֵּר בּוֹ כָּל מַעֲדַנֵּי עוֹלָם
וְיִהְיֶה כְּשֻׁלְחָנוֹ שֶׁל אַבְרָהָם אָבִינוּ
כָּל רָעֵב מִמֶּנּוּ יֹאכַל וְכָל צָמֵא מִמֶּנּוּ יִשְׁתֶּה
וְאַל יֶחְסַר מִמֶּנּוּ כָּל טוּב לָעַד וּלְעוֹלְמֵי עוֹלָמִים, אָמֵן.

הָרַחֲמָן הוּא יְבָרֵךְ אֶת בַּעַל הַבַּיִת הַזֶּה וּבַעַל הַסְּעֻדָּה הַזֹּאת
הוּא וּבָנָיו וְאִשְׁתּוֹ וְכָל אֲשֶׁר לוֹ, בְּבָנִים שֶׁיִּחְיוּ וּבִנְכָסִים שֶׁיִּרְבּוּ.
בָּרֵךְ יהוה חֵילוֹ וּפֹעַל יָדָיו תִּרְצֶה.
וְיִהְיוּ נְכָסָיו מֻצְלָחִים וּקְרוֹבִים לָעִיר
וְאַל יִזְדַּקֵּק לְפָנָיו שׁוּם דְּבַר חֵטְא וְהִרְהוּר עָוֹן.
וְיִהְיֶה שָׂשׂ וְשָׂמֵחַ כָּל הַיָּמִים, בְּעֹשֶׁר וְכָבוֹד, מֵעַתָּה וְעַד עוֹלָם.
לֹא יֵבוֹשׁ בָּעוֹלָם הַזֶּה וְלֹא יִכָּלֵם לָעוֹלָם הַבָּא. אָמֵן כֵּן יְהִי רָצוֹן.

הָרַחֲמָן הוּא יְבָרֵךְ אֶת כָּל הַמְסֻבִּין בַּשֻּׁלְחָן הַזֶּה
וִימַלֵּא יהוה כָּל מִשְׁאֲלוֹת לִבָּם לְטוֹבָה.

הָרַחֲמָן הוּא יְחַיֵּינוּ וִיזַכֵּנוּ וִיקָרְבֵנוּ לִימוֹת הַמָּשִׁיחַ וּלְבִנְיַן בֵּית הַמִּקְדָּשׁ
וּלְחַיֵּי הָעוֹלָם הַבָּא

מִגְדּוֹל יְשׁוּעוֹת מַלְכּוֹ וְעֹשֶׂה־חֶסֶד לִמְשִׁיחוֹ לְדָוִד וּלְזַרְעוֹ עַד־עוֹלָם: שמואל ב׳ כב
כְּפִירִים רָשׁוּ וְרָעֵבוּ וְדֹרְשֵׁי יהוה לֹא־יַחְסְרוּ כָל־טוֹב: תהלים לד
נַעַר הָיִיתִי גַּם־זָקַנְתִּי וְלֹא־רָאִיתִי צַדִּיק נֶעֱזָב וְזַרְעוֹ מְבַקֶּשׁ־לָחֶם: תהלים לז
כָּל־הַיּוֹם חוֹנֵן וּמַלְוֶה, וְזַרְעוֹ לִבְרָכָה:

מַה שֶּׁאָכַלְנוּ יִהְיֶה לְשָׂבְעָה, וּמַה שֶּׁשָּׁתִינוּ יִהְיֶה לִרְפוּאָה
וּמַה שֶּׁהוֹתַרְנוּ יִהְיֶה לִבְרָכָה
מלכים ב׳ ד כְּדִכְתִיב: וַיִּתֵּן לִפְנֵיהֶם וַיֹּאכְלוּ וַיּוֹתִרוּ כִּדְבַר יהוה:
תהלים קטו בְּרוּכִים אַתֶּם לַיהוה עֹשֵׂה שָׁמַיִם וָאָרֶץ:
ירמיה יז בָּרוּךְ הַגֶּבֶר אֲשֶׁר יִבְטַח בַּיהוה וְהָיָה יהוה מִבְטַחוֹ:
תהלים כט יהוה עֹז לְעַמּוֹ יִתֵּן יהוה יְבָרֵךְ אֶת־עַמּוֹ בַשָּׁלוֹם:
עֹשֶׂה שָׁלוֹם בִּמְרוֹמָיו הוּא יַעֲשֶׂה שָׁלוֹם עָלֵינוּ וְעַל כָּל יִשְׂרָאֵל
וְאִמְרוּ אָמֵן.

בָּרוּךְ אַתָּה יהוה אֱלֹהֵינוּ מֶלֶךְ הָעוֹלָם בּוֹרֵא פְּרִי הַגָּפֶן.

שותים כוס שלישי בהסבת שמאל.

የበላነው ለጥጋብ፤ የጠጣነው ለመፈወሻ፤
ያተረፍነውም የተባረከ ይሁን፡፡፡
እንደተፃፈው፡- በፊታቸው ይሰጣቸዋል ይበላሉ ያተርፋሉም
ብሎ እግዚአብሔር ተናግሮአልና እናንተ ሰማይንና ምድርን ለሠራ
ለእግዚአብሔር የተባረካችሁ ናችሁ።
በእግዚአብሔር የታመነ እምነቱም እግዚአብሔር የሆነ ሰው ቡሩክ ነው።
እግዚአብሔር ለሕዝቡ ኃይልን ይሰጣል፤ እግዚአብሔር ሕዝቡን በሰላም ይባርክ።
በሰማይ ሰላምን የሚያደርግ፤ እርሱ በምህረቱ በእኛና በሕዝቡ
በእስራኤልም ሁሉ ሰላምን ያድርግ፡፡ አሜንም በሉ፡፡

ብሩክ አንተ እግዚአብሔር አምላካችን የዓለም ንጉሥ የወይን ፍሬ የሚፈጥር።

ሦስተኛውን ጽዋ ወደ ግራ ዘንበል በማለት ይጠጣ

עשה שלום במר
במרומיו והוא י
יעשה שלום עלינו
ועל כל ישראל
ואמרו אמן

יראו את
יי קדושיו כי אין
מחסור ליראיו
כפירים רשו ורעבו
ודורשי יי לא יחסרו כל טוב

ברוך אתה יי אלהינו מלך
העולם בורא פרי הגפן

שפך

חמתך על הגוים אשר
לא ידעוך ועל ממלכות
אשר בשמך לא קראו

מוזגים כוס רביעי וגומרים עליו את ההלל.

שְׁפֹךְ חֲמָתְךָ אֶל־הַגּוֹיִם תהלים עט
אֲשֶׁר לֹא־יְדָעוּךָ
וְעַל מַמְלָכוֹת
אֲשֶׁר בְּשִׁמְךָ לֹא קָרָאוּ:
כִּי אָכַל אֶת־יַעֲקֹב
וְאֶת־נָוֵהוּ הֵשַׁמּוּ:

יש מוסיפים:

שְׁפָךְ־עֲלֵיהֶם זַעְמֶךָ תהלים סט
וַחֲרוֹן אַפְּךָ יַשִּׂיגֵם:
תִּרְדֹּף בְּאַף איכה ג
וְתַשְׁמִידֵם
מִתַּחַת שְׁמֵי יהוה:

አራተኛው ጽዋ ይቅዳና ሃሌልን ጨርሶ ያንብብ

አንተን ባላወቁ አሕዛብና በስምህ ባልተጠሩት
መንግስታት ላይ መአትህን አፈስስባቸው።
ምክንያቱም ያዕቆብን ስለ ዋጡት
መኖሪያውንም ስላጠፉዋት ቁጣህ በእነሱ ላይ ይሁን፤
የቁጣህም ነበልባል ያጥፉቸው፤
በቁጣህም አጥፉቸው፤
ከእግዚአብሔር ሰማያት በታችም ደምስሣቸው።

ህለ ሀሌል *አራተኛው ጽዋ ከዚህ ላይ ይሞላና ሀሌል ይነበባል።*

ለእኛ አይደለም፤ አቤቱ፤
ለእኛ አይደለም ነገር ግን ለስምህ፣
ስለ ምሕረትህ ስለ እውነትህም ምስጋናን ስጥ።
አሕዛብ አምላካችሁ ወዴት ነው? አይበሉ።
አምላካችንስ በላይ በሰማይ ነው፤ በሰማይም በምድርም የፈቀደውን ሁሉ አደረገ።
የአሕዛብ ጣኦታቶች የወርቅና የብር የሰው እጅ ሥራ ናቸው።
አፍ አላቸው አይናገሩም፤ ዓይን አላቸው አያዩምም፤
አፍንጫ አላቸው አያሸትቱምም፤ እጅ አላቸው አይዳስሱምም፤
እግር አላቸው አይሔዱምም፤ በጉሮሮአቸውም አይናገሩም።
የሚሠሩዋአቸውም የሚያምኑባቸውም ሁሉ እንደ እርሱ ይሁኑ።
እስራኤል የሚያምነው በእግዚአብሔር ነው፤
እረዳታቸውና ጋሻቸው እርሱ ነው።
የአሮን ቤት ሆይ፤ በእግዚአብሔር እመኑ፤
ረዳታችሁና ጋሻችሁ እርሱ ነውና።
እግዚአብሔርን የምትፈሩ ሆይ!
በእግዚአብሔር እመኑ፤ ረዳታችሁና ጋሻችሁ እርሱ ነው።
እግዚአብሔር ያስበን ይባርከንም፤ የእስራኤልን ቤት ይባርካል፤
የአሮንን ቤት ይባርካል፤
እግዚአብሔርን የሚፈሩትን ትንንሾችንና ትልልቆችን ይባርካል።
እግዚአብሔር በላያችሁና በልጆቻችሁ ላይ ይጨምር።
እናንተ ሰማይና ምድርን ለሠራ እግዚአብሔር የተባረካችሁ ናችሁ።
የሰማያት ሰማይ ለእግዚአብሔር ነው፤ ምድርን ግን ለሰው ልጅ ሰጣት።
አቤቱ ሙታን የሚያመሰግኑህ አይደሉም፤ ወደ ሲኦል የሚወርዱ ሁሉ።
እኛ ግን እግዚአብሔርን እንባርካለን፤

ሃሌ ሉያ።

לֹא לָנוּ יהוה לֹא לָנוּ תהלים קטו

כִּי־לְשִׁמְךָ תֵּן כָּבוֹד

עַל־חַסְדְּךָ עַל־אֲמִתֶּךָ:

לָמָּה יֹאמְרוּ הַגּוֹיִם אַיֵּה־נָא אֱלֹהֵיהֶם:

וֵאלֹהֵינוּ בַשָּׁמָיִם, כֹּל אֲשֶׁר־חָפֵץ עָשָׂה:

עֲצַבֵּיהֶם כֶּסֶף וְזָהָב, מַעֲשֵׂה יְדֵי אָדָם:

פֶּה־לָהֶם וְלֹא יְדַבֵּרוּ, עֵינַיִם לָהֶם וְלֹא יִרְאוּ:

אָזְנַיִם לָהֶם וְלֹא יִשְׁמָעוּ, אַף לָהֶם וְלֹא יְרִיחוּן:

יְדֵיהֶם וְלֹא יְמִישׁוּן, רַגְלֵיהֶם וְלֹא יְהַלֵּכוּ, לֹא־יֶהְגּוּ בִּגְרוֹנָם:

כְּמוֹהֶם יִהְיוּ עֹשֵׂיהֶם, כֹּל אֲשֶׁר־בֹּטֵחַ בָּהֶם:

יִשְׂרָאֵל בְּטַח בַּיהוה, עֶזְרָם וּמָגִנָּם הוּא:

בֵּית אַהֲרֹן בִּטְחוּ בַיהוה, עֶזְרָם וּמָגִנָּם הוּא:

יִרְאֵי יהוה בִּטְחוּ בַיהוה, עֶזְרָם וּמָגִנָּם הוּא:

יהוה זְכָרָנוּ יְבָרֵךְ

יְבָרֵךְ אֶת־בֵּית יִשְׂרָאֵל, יְבָרֵךְ אֶת־בֵּית אַהֲרֹן:

יְבָרֵךְ יִרְאֵי יהוה, הַקְּטַנִּים עִם־הַגְּדֹלִים:

יֹסֵף יהוה עֲלֵיכֶם, עֲלֵיכֶם וְעַל־בְּנֵיכֶם:

בְּרוּכִים אַתֶּם לַיהוה, עֹשֵׂה שָׁמַיִם וָאָרֶץ:

הַשָּׁמַיִם שָׁמַיִם לַיהוה, וְהָאָרֶץ נָתַן לִבְנֵי־אָדָם:

לֹא הַמֵּתִים יְהַלְלוּ־יָהּ, וְלֹא כָּל־יֹרְדֵי דוּמָה:

וַאֲנַחְנוּ נְבָרֵךְ יָהּ, מֵעַתָּה וְעַד־עוֹלָם

הַלְלוּיָהּ:

እግዚአብሔር የልመናየን ድምፅ ሰምቷልና ወደድሁት።
ጆሮውን ወደ እኔ አዘንብሎአልና፤
በዘመኔ ሁሉ እጠራዋለሁ።
የሞት ጣር ያዘኝ የሲኦልም ሕመም አገኘኝ፤
ጭንቀትንና መከራን አገኘሁ።
የእግዚአብሔርንም ስም ጠራሁ፤
አቤቱ፤ ነፍሴን አድናት።
እግዚአብሔር መሓሪና ጻድቅ ነው፤ አምላካችንም ይቅር ባይ ነው።
እግዚአብሔር ሕፃናትን ይጠብቃል፤ ተቸገርሁ፤ እርሱም አዳነኝ።
ነፍሴ ሆይ! ወደ ዕረፍትሽ ተመለሺ፤ እግዚአብሔር መልካም አድርጎልሻልና፤
ነፍሴን ከሞት ዓይኖቸንም ከእንባ፣ እግሮችንም ከመሰናክል አድኖአልና።
በሕያዋን አገር በእግዚአብሔር ፊት እሄዳለሁ።
አመንሁ ስለዚህም ተናገርሁ፤ እኔም እጅግ ተቸገርሁ።
እኔም ከድንጋጤ የተነሳ ሰው ሁሉ ሐሰተኛ ነው አልሁ።
ስላደረገልኝ ሁሉ ለእግዚአብሔር ምንን እመልሳለሁ?
የመድሀኒትን ጽዋ እቀበላለሁ፤
የእግዚአብሔርንም ስም እጠራለሁ።
በሕዝቡ ሁሉ ፊት ስእለቴን ለእግዚአብሔር እፈጽማለሁ።
የቅዱሳኑ ሞት በእግዚአብሔር ፊት የከበረ ነው።
አቤቱ እኔ ባሪያህ ነኝ፤ ባሪያህ ነኝ፤
የሴት ባሪያህም ልጅ ነኝ፤ ሰንሰለቴን ሰበርከ።
ለአንተ የምስጋና መስዋዕትን እሠዋለሁ፤
የእግዚአብሔርንም ስም እጠራለሁ።
በሕዝቡ ሁሉ ፊት ስእለቴን ለእግዚአብሔር እፈጽማለሁ፤
በእግዚአብሔር ቤት አደባባይ ኢየሩሳሌም ሆይ በመካከልሽም።

ሃሌ ሉያ።

אָהַבְתִּי, כִּי־יִשְׁמַע יהוה, אֶת־קוֹלִי תַּחֲנוּנָי: תהלים קטז
כִּי־הִטָּה אָזְנוֹ לִי, וּבְיָמַי אֶקְרָא:
אֲפָפוּנִי חֶבְלֵי־מָוֶת, וּמְצָרֵי שְׁאוֹל מְצָאוּנִי, צָרָה וְיָגוֹן אֶמְצָא:
וּבְשֵׁם־יהוה אֶקְרָא, אָנָּה יהוה מַלְּטָה נַפְשִׁי:
חַנּוּן יהוה וְצַדִּיק, וֵאלֹהֵינוּ מְרַחֵם:
שֹׁמֵר פְּתָאִים יהוה, דַּלּוֹתִי וְלִי יְהוֹשִׁיעַ:
שׁוּבִי נַפְשִׁי לִמְנוּחָיְכִי, כִּי־יהוה גָּמַל עָלָיְכִי:
כִּי חִלַּצְתָּ נַפְשִׁי מִמָּוֶת
אֶת־עֵינִי מִן־דִּמְעָה
אֶת־רַגְלִי מִדֶּחִי:
אֶתְהַלֵּךְ לִפְנֵי יהוה, בְּאַרְצוֹת הַחַיִּים:
הֶאֱמַנְתִּי כִּי אֲדַבֵּר, אֲנִי עָנִיתִי מְאֹד:
אֲנִי אָמַרְתִּי בְחָפְזִי, כָּל־הָאָדָם כֹּזֵב:

מָה־אָשִׁיב לַיהוה, כָּל־תַּגְמוּלוֹהִי עָלָי:
כּוֹס־יְשׁוּעוֹת אֶשָּׂא, וּבְשֵׁם יהוה אֶקְרָא:
נְדָרַי לַיהוה אֲשַׁלֵּם, נֶגְדָה־נָּא לְכָל־עַמּוֹ:
יָקָר בְּעֵינֵי יהוה, הַמָּוְתָה לַחֲסִידָיו:
אָנָּה יהוה כִּי־אֲנִי עַבְדֶּךָ
אֲנִי־עַבְדְּךָ בֶּן־אֲמָתֶךָ, פִּתַּחְתָּ לְמוֹסֵרָי:
לְךָ־אֶזְבַּח זֶבַח תּוֹדָה, וּבְשֵׁם יהוה אֶקְרָא:
נְדָרַי לַיהוה אֲשַׁלֵּם, נֶגְדָה־נָּא לְכָל־עַמּוֹ:
בְּחַצְרוֹת בֵּית יהוה, בְּתוֹכֵכִי יְרוּשָׁלָםִ
הַלְלוּיָהּ:

አሕዛብ

ሁላችሁ እግዚአብሔርን አመስግኑት፤ ወገኖችም ሁሉ ያመስግኑት፤
ምሕረቱ በእኛ ላይ ጸንታለችና፤ የእግዚአብሔርም እውነት ለዘላለም ትኖራለች።

ሃሌ ሉያ።

እግዚአብሔርን አመስግኑ ቸርነውና፤
ቸር እንደሆነ ምሕረቱ ለዘላለም እንደ ሆነች፤

ምሕረቱ ለዘላለም ናትና።
ቸር እንደሆነ ምሕረቱ ለዘላለም እንደ ሆነች፤

የእስራኤል ቤት አሁን ይንገሩ።
ቸር እንደሆነ ምሕረቱ ለዘላለም እንደሆነች፤

የአሮን ቤት አሁን ይንገሩ።
ቸር እንደሆነ ምሕረቱም ለዘላለም እንደሆነች።

מִן הַמֵּצַר በተጨነቅሁ ጊዜ እግዚአብሔርን ጠራሁት ሰማኝ አሰፋልኝም።
እግዚአብሔር ረዳቴ ነው፤
አልፈራም ሰው ምን ያደርገኛል? እግዚአብሔር ረዳቴ ነው፡፡
እኔም በጠላቶቼ ላይ አያለሁ።
በሰው ከመታመን ይልቅ በእግዚአብሔር መታመን ይሻላል።
በገዦች ተስፋ ከማድረግ ይልቅ በእግዚአብሔር ተስፋ ማድረግ ይሻላል።
አሕዛብ ሁሉ ከበቡኝ፤ በእግዚአብሔርም ስም አሸነፍኋቸው፤ መከበቡንስ
ከበቡኝ፤ በእግዚአብሔርም ስም አሸነፍኋቸው፤ ንብ ማርን እንዲከብብ
ከበቡኝ፣ እሳትም በሾህ ውስጥ እንዲነድድ ነደዱ፣
በእግዚአብሔርም ስም አሸነፍኋቸው።
ገፉኝ፣ ለመውደቅም ተንገደገድሁ፤ እግዚአብሔር ግን አገዘኝ።
ሀይሌም ዝማሬየም እግዚአብሔር ነው፤ እርሱም መድሀኒት ሆነልኝ።
የእልልታና የመድሀኒት ድምፅ በጻድቃን ድንኳን ነው።

תהלים קיז

הַלְלוּ

אֶת־יהוה כָּל־גּוֹיִם, שַׁבְּחוּהוּ כָּל־הָאֻמִּים:
כִּי גָבַר עָלֵינוּ חַסְדּוֹ, וֶאֱמֶת־יהוה לְעוֹלָם

הַלְלוּיָהּ:

תהלים קיח

הוֹדוּ לַיהוה כִּי־טוֹב כִּי לְעוֹלָם חַסְדּוֹ:
יֹאמַר־נָא יִשְׂרָאֵל כִּי לְעוֹלָם חַסְדּוֹ:
יֹאמְרוּ־נָא בֵית־אַהֲרֹן כִּי לְעוֹלָם חַסְדּוֹ:
יֹאמְרוּ־נָא יִרְאֵי יהוה כִּי לְעוֹלָם חַסְדּוֹ:

מִן־הַמֵּצַר קָרָאתִי יָּהּ, עָנָנִי בַמֶּרְחָב יָהּ:
יהוה לִי לֹא אִירָא, מַה־יַּעֲשֶׂה לִי אָדָם:
יהוה לִי בְּעֹזְרָי, וַאֲנִי אֶרְאֶה בְשֹׂנְאָי:
טוֹב לַחֲסוֹת בַּיהוה, מִבְּטֹחַ בָּאָדָם:
טוֹב לַחֲסוֹת בַּיהוה, מִבְּטֹחַ בִּנְדִיבִים:
כָּל־גּוֹיִם סְבָבוּנִי, בְּשֵׁם יהוה כִּי אֲמִילַם:
סַבּוּנִי גַם־סְבָבוּנִי, בְּשֵׁם יהוה כִּי אֲמִילַם:
סַבּוּנִי כִדְבֹרִים, דֹּעֲכוּ כְּאֵשׁ קוֹצִים
בְּשֵׁם יהוה כִּי אֲמִילַם:
דָּחֹה דְחִיתַנִי לִנְפֹּל, וַיהוה עֲזָרָנִי:
עָזִּי וְזִמְרָת יָהּ, וַיְהִי־לִי לִישׁוּעָה:

የእግዚአብሔር ቀኝ ሀይልን አደረገች።
የእግዚአብሔር ቀኝ ከፍ፤ ከፍ አደረገች።
አልሞትም በሕይወት እኖራለሁ እንጂ፤ የእግዚአብሔርንም ሥራ እናገራለሁ።
መገሰጽስ እግዚአብሔር ገሰጸኝ፤ ለሞት ግን አልሰጠኝም።
የጽድቅን ደጆች ከፈቱልኝ፤ ወደ እነሱ ገብቼ እግዚአብሔርን አመሰግናለሁ።
ይች የእግዚአብሔር ደጅ ናት ወደ እርስዋ ጻድቃን ይገባሉ።
ሰምተኸኛልና፤ መዳኒትም ሆነኸኛልና አመስግንሃለሃለሁ።

ግንበኞች የናቁት ድንጋይ እርሱ የማዕዘን ራስ ሆነ፤
ግንበኞች የናቁት ድንጋይ እርሱ የማዕዘን ራስ ሆነ፤

ይች ከእግዚአብሔር ዘንድ ሆነች ለአይናችንም ድንቅ ናት።
ይች ከእግዚአብሔር ዘንድ ሆነች ለአይናችንም ድንቅ ናት።

እግዚአብሔር የሠራት ቀን ይህች ናት፤
እግዚአብሔር የሠራት ቀን ይህች ናት፤

ሐሤትን እናድርግ በእርስዋም ደስ ይበለን።
ሐሤትን እናድርግ በእርስዋም ደስ ይበለን።

አቤቱ እባክህ አሁን አድን፤
አቤቱ እባክህ አሁን አድን።
አቤቱ እባክህ አሁን አቅና፤
አቤቱ እባክህ አሁን አቅና።

קוֹל רִנָּה וִישׁוּעָה בְּאָהֳלֵי צַדִּיקִים, יְמִין יהוה עֹשָׂה חָיִל:
יְמִין יהוה רוֹמֵמָה, יְמִין יהוה עֹשָׂה חָיִל:
לֹא־אָמוּת כִּי־אֶחְיֶה, וַאֲסַפֵּר מַעֲשֵׂי יָהּ:
יַסֹּר יִסְּרַנִּי יָּהּ, וְלַמָּוֶת לֹא נְתָנָנִי:
פִּתְחוּ־לִי שַׁעֲרֵי־צֶדֶק, אָבֹא־בָם אוֹדֶה יָהּ:
זֶה־הַשַּׁעַר לַיהוה, צַדִּיקִים יָבֹאוּ בוֹ:

אוֹדְךָ כִּי עֲנִיתָנִי, וַתְּהִי־לִי לִישׁוּעָה:
אוֹדְךָ כִּי עֲנִיתָנִי, וַתְּהִי־לִי לִישׁוּעָה:

אֶבֶן מָאֲסוּ הַבּוֹנִים, הָיְתָה לְרֹאשׁ פִּנָּה:
אֶבֶן מָאֲסוּ הַבּוֹנִים, הָיְתָה לְרֹאשׁ פִּנָּה:

מֵאֵת יהוה הָיְתָה זֹּאת, הִיא נִפְלָאת בְּעֵינֵינוּ:
מֵאֵת יהוה הָיְתָה זֹּאת, הִיא נִפְלָאת בְּעֵינֵינוּ:

זֶה־הַיּוֹם עָשָׂה יהוה, נָגִילָה וְנִשְׂמְחָה בוֹ:
זֶה־הַיּוֹם עָשָׂה יהוה, נָגִילָה וְנִשְׂמְחָה בוֹ:

אָנָּא יהוה הוֹשִׁיעָה נָּא:
אָנָּא יהוה הוֹשִׁיעָה נָּא:
אָנָּא יהוה הַצְלִיחָה נָא:
אָנָּא יהוה הַצְלִיחָה נָא:

בָּרוּךְ הַבָּא בְּשֵׁם יהוה, בֵּרַכְנוּכֶם מִבֵּית יהוה:

בָּרוּךְ הַבָּא בְּשֵׁם יהוה, בֵּרַכְנוּכֶם מִבֵּית יהוה:

אֵל יהוה וַיָּאֶר לָנוּ, אִסְרוּ־חַג בַּעֲבֹתִים עַד־קַרְנוֹת הַמִּזְבֵּחַ:

אֵל יהוה וַיָּאֶר לָנוּ, אִסְרוּ־חַג בַּעֲבֹתִים עַד־קַרְנוֹת הַמִּזְבֵּחַ:

אֵלִי אַתָּה וְאוֹדֶךָּ, אֱלֹהַי אֲרוֹמְמֶךָּ:

אֵלִי אַתָּה וְאוֹדֶךָּ, אֱלֹהַי אֲרוֹמְמֶךָּ:

הוֹדוּ לַיהוה כִּי־טוֹב, כִּי לְעוֹלָם חַסְדּוֹ:

הוֹדוּ לַיהוה כִּי־טוֹב, כִּי לְעוֹלָם חַסְדּוֹ:

በእግዚአብሔር ስም የሚመጣ ቡሩክ ነው፤ ከእግዚአብሔር ቤት መረቅናችሁ።

በእግዚአብሔር ስም የሚመጣ ቡሩክ ነው፤ ከእግዚአብሔር ቤት መረቅናችሁ።

እግዚአብሔር አምላክ ነው ለእኛም በራልን እስከ መሰዊያው ቀንዶች
ድረስ የበዓሉን መሥዋዕት በገመድ እሰሩት።

እግዚአብሔር አምላክ ነው ለእኛም በራልን እስከ መሰዊያው ቀንዶች
ድረስ የበዓሉን መሥዋዕት በገመድ እሰሩት።

አንተ አምላኬ ነህ አመሰግንህማለሁ። አንተ አምላኬ ነህ ከፍ፣ ከፍ አደርግሀለሁ።

አንተ አምላኬ ነህ አመሰግንህማለሁ። አንተ አምላኬ ነህ ከፍ፣ ከፍ አደርግሀለሁ።

ሰምተኸኛልና መድሀኒትም ሆነኸኛልና አመሰግንህ አለሁ።
እግዚአብሔርን አመስግኑ ቸር ነውና፤ ምሕረቱ ለዘላለም ናትና።

ሰምተኸኛልና መድሀኒትም ሆነኸኛልና አመሰግንህ አለሁ።
እግዚአብሔርን አመስግኑ ቸር ነውና፤ ምሕረቱ ለዘላለም ናትና።

ליי כי טוב כלחו
הודו לאלהי האלהים כלחו
הודו לאדני האדנים כלחו
לעשׂ נפלא׳ גדול׳ לבדו כלחו

הודו ליי כי טוב
כו׳ כי לעולם
חסדו נ׳ ומזמור
מזמור דוד
כנגד נ׳ דורות
שהיה העולם
בלא תורה ואל׳
ועתקיים והלכו
ויאמרו שר׳
הק׳ זהו השיר
דגלים היו לוי
בבית המקדש
ויחזה לדבר
קו׳ אות הודו
הודו יות יעלי
פלח ולבייליכם
תורה כי רב

לעשה השמים

תהלים קלו

הוֹדוּ לַיהוה כִּי־טוֹב כִּי לְעוֹלָם חַסְדּוֹ:
הוֹדוּ לֵאלֹהֵי הָאֱלֹהִים כִּי לְעוֹלָם חַסְדּוֹ:
הוֹדוּ לַאֲדֹנֵי הָאֲדֹנִים כִּי לְעוֹלָם חַסְדּוֹ:
לְעֹשֵׂה נִפְלָאוֹת גְּדֹלוֹת לְבַדּוֹ כִּי לְעוֹלָם חַסְדּוֹ:
לְעֹשֵׂה הַשָּׁמַיִם בִּתְבוּנָה כִּי לְעוֹלָם חַסְדּוֹ:
לְרֹקַע הָאָרֶץ עַל־הַמָּיִם כִּי לְעוֹלָם חַסְדּוֹ:
לְעֹשֵׂה אוֹרִים גְּדֹלִים כִּי לְעוֹלָם חַסְדּוֹ:
אֶת־הַשֶּׁמֶשׁ לְמֶמְשֶׁלֶת בַּיּוֹם כִּי לְעוֹלָם חַסְדּוֹ:

እግዚአብሔርን አመስግኑ ቸር ነውና፤
ምሕረቱ ለዘላለም ነውና፤

የአማልክትን አምላክ አመስግኑ፤
ምሕረቱ ለዘላለም ነውና፤

የጌቶችን ጌታ አመስግኑ፤
ምሕረቱ ለዘላለም ነውና፤

እርሱ ብቻውን ታላቅ ታምራትን ያደረገ፤
ምሕረቱ ለዘላለም ነውና፤

ሰማያትን በብልሃት የሠራ፤
ምሕረቱ ለዘላለም ነውና፤

ምድርን በውሃ ላይ ያፀና፤
ምሕረቱ ለዘላለም ነውና፤

ብቻውን ታላላቅ ብርሃትን የሠራ፤
ምሕረቱ ለዘላለም ነውና፤

ለፀሐይ ቀንን ያስገዛው፤
ምሕረቱ ለዘላለም ነውና፤

אֶת־הַיָּרֵחַ וְכוֹכָבִים לְמֶמְשְׁלוֹת בַּלָּיְלָה כִּי לְעוֹלָם חַסְדּוֹ:
לְמַכֵּה מִצְרַיִם בִּבְכוֹרֵיהֶם כִּי לְעוֹלָם חַסְדּוֹ:
וַיּוֹצֵא יִשְׂרָאֵל מִתּוֹכָם כִּי לְעוֹלָם חַסְדּוֹ:
בְּיָד חֲזָקָה וּבִזְרוֹעַ נְטוּיָה כִּי לְעוֹלָם חַסְדּוֹ:
לְגֹזֵר יַם־סוּף לִגְזָרִים כִּי לְעוֹלָם חַסְדּוֹ:
וְהֶעֱבִיר יִשְׂרָאֵל בְּתוֹכוֹ כִּי לְעוֹלָם חַסְדּוֹ:
וְנִעֵר פַּרְעֹה וְחֵילוֹ בְיַם־סוּף כִּי לְעוֹלָם חַסְדּוֹ:
לְמוֹלִיךְ עַמּוֹ בַּמִּדְבָּר כִּי לְעוֹלָם חַסְדּוֹ:
לְמַכֵּה מְלָכִים גְּדֹלִים כִּי לְעוֹלָם חַסְדּוֹ:

ለጨረቃና ለከዋክብትም ሌሊትን ያስገዛቸው፤
ምሕረቱ ለዘላለም ነውና፤

ከበኵራቸው ጋር ግብጽን የመታ፤
ምሕረቱ ለዘላለም ነውና፤

እስራኤልንም በመካከላቸው ያወጣ፤
ምሕረቱ ለዘላለም ነውና፤

በጸናች እጅ በተዘረጋችም ክንድ፤
ምሕረቱ ለዘላለም ነውና፤

የኤርትራን ባህር በየክፍሉ የከፈለ፤
ምሕረቱ ለዘላለም ነውና፤

እስራኤልን በመካከሉ ያሳለፈ፤
ምሕረቱ ለዘላለም ነውና፤

ፈርዖንና ሠራዊቱን በኤርትራ ባህር የጣለ፤
ምሕረቱ ለዘላለም ነውና፤

ሕዝቡን በምድረ ባዳ የመራ፤
ምሕረቱ ለዘላለም ነውና፤

ታላላቅ ነገሥታትን የመታ፤
ምሕረቱ ለዘላለም ነውና፤

וַיַּהֲרֹג מְלָכִים אַדִּירִים — כִּי לְעוֹלָם חַסְדּוֹ:
לְסִיחוֹן מֶלֶךְ הָאֱמֹרִי — כִּי לְעוֹלָם חַסְדּוֹ:
וּלְעוֹג מֶלֶךְ הַבָּשָׁן — כִּי לְעוֹלָם חַסְדּוֹ:
וְנָתַן אַרְצָם לְנַחֲלָה — כִּי לְעוֹלָם חַסְדּוֹ:
נַחֲלָה לְיִשְׂרָאֵל עַבְדּוֹ — כִּי לְעוֹלָם חַסְדּוֹ:
שֶׁבְּשִׁפְלֵנוּ זָכַר לָנוּ — כִּי לְעוֹלָם חַסְדּוֹ:
וַיִּפְרְקֵנוּ מִצָּרֵינוּ — כִּי לְעוֹלָם חַסְדּוֹ:
נֹתֵן לֶחֶם לְכָל־בָּשָׂר — כִּי לְעוֹלָם חַסְדּוֹ:
הוֹדוּ לְאֵל הַשָּׁמָיִם — כִּי לְעוֹלָם חַסְדּוֹ:

ብርቱዎችንም ነግሥታት የገደለ፤
ምሕረቱ ለዘላለም ነውና፤

የአሞራዊያንን ንጉሥ ሴዎንን፤
ምሕረቱ ለዘላለም ነውና፤

የባሳንን ንጉሥ ዐግን፤
ምሕረቱ ለዘላለም ነውና፤

ምድራቸውን ርስት አድርጎ የሰጠ፤
ምሕረቱ ለዘላለም ነውና፤

ለባሪያው ለእስራኤል ርስት፤
ምሕረቱ ለዘላለም ነውና፤

እኛን በመዋረዳችን አስቦናልና፤
ምሕረቱ ለዘላለም ነውና፤

ከጠላቶቻችንም እጅ አድኖናልና፤
ምሕረቱ ለዘላለም ነውና፤

ለሥጋ ሁሉ ምግብን የሚሰጥ፤
ምሕረቱ ለዘላለም ነውና፤

የሰማይን አምላክ አመስግኑ፤
ምሕረቱ ለዘላለም ነውና።

አቤቱ

አምላካችን የሕያው ሁሉ ነፍስ ስምህን ትባርክ
ንጉሣችን የሥጋ ለባሽ ሁሉ ነፍስ መታወስህን ታሞግስ፣
ከፍ ከፍም ታድርግ ከዓለም እስከ ዓለም አምላክ አንተ ነህና።
ከአንተ በቀር ሌላ ንጉሥ መከራና ስቃይ በሆነ ጊዜ ሁሉ የሚታደግ፣
የሚረዳ፣ ነፃ የሚያወጣ፣
የሚያድን፣ የሚመልስና የሚራራ የለም።
ከአንተ በቀር ሌላ የሚረዳ፣
የሚደግፍ ንጉሥ የለንም።
የመጀመሪያዋቹና የሀያላኖቹ አምላክ፤
የፍጥረቶች ሁሉ አምላክ፤
የትውልዶች ሁሉ ጌታ፤
በውዳሴዎች ሁሉ የተመሰገነ፣
ዓለሙን በርህራኄ የሚመራ ፍጥረታቱንም በቸርነት።
እግዚአብሔር እውነተኛ አምላክ ነው አያንቀላፋም አይተኛምም።
የተኙትን የሚያስነሳ፣ የሚያንቀላፉትን የሚያነቃ፤
ሙታንን በሕይወት የሚያኖር፣ የታመሙትን የሚፈውስ፣
የዕውራንን ዓይን የሚከፍት፣ የጎበጡትን የሚያቃና፣
ድዳዎችን የሚያናግር፣ ስውር ነገሮችን የሚገልፅ
አንተ ነህና አንተን ብቻ እናመሰግናለን።

נִשְׁמַת

כָּל חַי תְּבָרֵךְ אֶת שִׁמְךָ, יהוה אֱלֹהֵינוּ
וְרוּחַ כָּל בָּשָׂר תְּפָאֵר וּתְרוֹמֵם זִכְרְךָ מַלְכֵּנוּ תָּמִיד.
מִן הָעוֹלָם וְעַד הָעוֹלָם אַתָּה אֵל
וּמִבַּלְעָדֶיךָ אֵין לָנוּ מֶלֶךְ גּוֹאֵל וּמוֹשִׁיעַ
פּוֹדֶה וּמַצִּיל וְעוֹנֶה וּמְרַחֵם
בְּכָל עֵת צָרָה וְצוּקָה
אֵין לָנוּ (מֶלֶךְ) עוֹזֵר וְסוֹמֵךְ אֶלָּא אָתָּה.
אֱלֹהֵי הָרִאשׁוֹנִים וְהָאַחֲרוֹנִים,
אֱלוֹהַּ כָּל בְּרִיּוֹת, אֲדוֹן כָּל תּוֹלָדוֹת
הַמְהֻלָּל בְּכָל הַתִּשְׁבָּחוֹת
הַמְנַהֵג עוֹלָמוֹ בְּחֶסֶד וּבְרִיּוֹתָיו בְּרַחֲמִים.
וַיהוה אֱלֹהִים אֱמֶת, לֹא יָנוּם וְלֹא יִישָׁן
הַמְעוֹרֵר יְשֵׁנִים וְהַמֵּקִיץ נִרְדָּמִים
מְחַיֵּה מֵתִים, וְרוֹפֵא חוֹלִים
פּוֹקֵחַ עִוְרִים, וְזוֹקֵף כְּפוּפִים
הַמֵּשִׂיחַ אִלְּמִים וְהַמְפַעְנֵחַ נֶעֱלָמִים
וּלְךָ לְבַדְּךָ אֲנַחְנוּ מוֹדִים.

አፋችን በዝማሬ እንደ ባሕር ቢሞላ፣
ምላሳችንም እንደ ማዓበሉ ብዛት እልልታን፣
ከንፈሮቻችንም እንደ ሰማዩ ስፋት ማሞገስን፣
ዓይኖቻችንም እንደ ፀሐይና ከዋክብት ቢያበሩ፣
እጆቻችንም እንደ ሰማይ ንሥሮች ቢዘረጉ
እግሮቻችንም እንደ ሰሳ ቢቀሉ
እኛ አንተን ለማመስገን አንበቃም፤ አቤቱ አምላካችን
ንጉሣችን ስምህን ለመባረክ፣
ከእልፍ አላፋት አንድ ወሰን የሌለው ብዙ መቶ ሺህ ጊዜም መልካምን፣
ታዕምራቶችንና ገድሎችን ከእኛ ጋር ያደረግህ ቀደም ሲልም ከአባቶቻችን ጋር፤
አቤቱ አምላካችን ከግብጽ አገር ታደከን፤
ከባርነት ቤት ነፃ አወጣኸን
በርሀብ ጊዜ መገብከን፣
በጥጋብም ጊዜ መገብከን፣
ከሰይፍም አዳንከን፣ ከበሽታዎች አወጣኸን፣
ከብዙ ክፉ በሽታዎች አዳንከን።
ቸርነትህ እስከ አሁን ድረስ ረድተኸናል፣ ርህራሄህም አልተወንም።
ስለዚህ በሰውነታችን የከፋፈልካቸው ሕዋሳት፣
በአፍንጫችን ውስጥ የተነፈስካቸው፣
ነፍስና እስትንፋስ
በአፋችን ውስጥ ያስቀመጥካት ምላስ
እነርሱ ያመሰግኑ፣
ይባርኩ፣ ያሞግሱ፣ ያወድሱ፤
ንጉሣችን ለስምህ ዘወትር ይዘምሩ

אִלּוּ פִינוּ מָלֵא שִׁירָה כַּיָּם
וּלְשׁוֹנֵנוּ רִנָּה כַּהֲמוֹן גַּלָּיו
וְשִׂפְתוֹתֵינוּ שֶׁבַח כְּמֶרְחֲבֵי רָקִיעַ
וְעֵינֵינוּ מְאִירוֹת כַּשֶּׁמֶשׁ וְכַיָּרֵחַ
וְיָדֵינוּ פְרוּשׂוֹת כְּנִשְׁרֵי שָׁמָיִם
וְרַגְלֵינוּ קַלּוֹת כָּאַיָּלוֹת
אֵין אֲנַחְנוּ מַסְפִּיקִין לְהוֹדוֹת לְךָ, יהוה אֱלֹהֵינוּ
וּלְבָרֵךְ אֶת שִׁמְךָ, מַלְכֵּנוּ
עַל אַחַת מֵאֶלֶף אַלְפֵי אֲלָפִים
וְרֹב רִבֵּי רְבָבוֹת פְּעָמִים
הַטּוֹבוֹת נִסִּים וְנִפְלָאוֹת שֶׁעָשִׂיתָ עִמָּנוּ וְעִם אֲבוֹתֵינוּ.
מִלְּפָנִים מִמִּצְרַיִם גְּאַלְתָּנוּ, יהוה אֱלֹהֵינוּ
מִבֵּית עֲבָדִים פְּדִיתָנוּ
בְּרָעָב זַנְתָּנוּ וּבְשָׂבָע כִּלְכַּלְתָּנוּ
מֵחֶרֶב הִצַּלְתָּנוּ וּמִדֶּבֶר מִלַּטְתָּנוּ
וּמֵחֳלָאִים רָעִים וְרַבִּים דִּלִּיתָנוּ.
עַד הֵנָּה עֲזָרוּנוּ רַחֲמֶיךָ, וְלֹא עֲזָבוּנוּ חֲסָדֶיךָ.
עַל כֵּן אֵבָרִים שֶׁפִּלַּגְתָּ בָּנוּ
וְרוּחַ וּנְשָׁמָה שֶׁנָּפַחְתָּ בְּאַפֵּנוּ
וְלָשׁוֹן אֲשֶׁר שַׂמְתָּ בְּפִינוּ
הֵן הֵם יוֹדוּ וִיבָרְכוּ וִישַׁבְּחוּ וִיפָאֲרוּ וִישׁוֹרְרוּ
אֶת שִׁמְךָ מַלְכֵּנוּ תָּמִיד.

አፍም ሁሉ አንተን ያመስግን፣
ምላስም ሁሉ አንተን ታሞግሥ፣
ዓይን ሁሉ አንተን ትይ፣
ጉልበት ሁሉ ለአንተ ትንበርከክ፣
ቋሚ ሁሉ በፊትህ ይስገድ፣
ልቦችም ሁሉ ይፍሩህ፣
ኩላሊትና አንጀት ሁሉ ለስምህ ይዘምሩ
እንደ ተባለው አጥንቶች ሁሉ፣
አቤቱ ማነው እንዳንተ ያለ? ይላሉ፤
ድሀውን ከእርሱ ከሚበረታው ድሀውንና
ችግረኛውን ከሚቀማው የሚያድን።
የድሀውን ጭኾት አንተ ትሰማለህ፣
የደካማውን እለቅሶ አድምጠህ ታድነዋለህ።

እንደተጻፈው
ጻድቃን በእግዚአብሔር ዘምሩ፣
ለቅኖች ማመስገን ያምርባቸዋል።

በቅኖች አፍ ከፍ፣ ከፍ ትደረጋለህ።

በጻድቃን ከንፈሮች ትባረካለህ።

በመንፈሳውያን ምላስ ትቀደሳለህ።

በቅዱሳንም መካከል ትመሰገናለህ።

כִּי כָל פֶּה לְךָ יוֹדֶה
וְכָל לָשׁוֹן לְךָ תְשַׁבֵּחַ
וְכָל עַיִן לְךָ תְצַפֶּה
וְכָל בֶּרֶךְ לְךָ תִכְרַע
וְכָל קוֹמָה לְפָנֶיךָ תִשְׁתַּחֲוֶה
וְהַלְּבָבוֹת יִירָאוּךָ
וְכָל קֶרֶב וּכְלָיוֹת יְזַמְּרוּ לִשְׁמֶךָ
כַּדָּבָר שֶׁנֶּאֱמַר
כָּל עַצְמֹתַי תֹּאמַרְנָה תהלים לה
יהוה מִי כָמוֹךָ
מַצִּיל עָנִי מֵחָזָק מִמֶּנּוּ
וְעָנִי וְאֶבְיוֹן מִגֹּזְלוֹ:
שַׁוְעַת עֲנִיִּים אַתָּה תִשְׁמַע
צַעֲקַת הַדַּל תַּקְשִׁיב וְתוֹשִׁיעַ.

וְכָתוּב
רַנְּנוּ צַדִּיקִים בַּיהוה תהלים לג
לַיְשָׁרִים נָאוָה תְהִלָּה:

בְּפִי יְשָׁרִים תִּתְרוֹמָם
וּבְשִׂפְתֵי צַדִּיקִים תִּתְבָּרַךְ
וּבִלְשׁוֹן חֲסִידִים תִּתְקַדָּשׁ
וּבְקֶרֶב קְדוֹשִׁים תִּתְהַלָּל

በሕዝብህ በአእለፍት ቤተ እስራኤል ጉባኤዎች፤
እንዲሁም አቤቱ አምላካችን የአባቶቻችንም አምላክ የፍጥረታት
ሁሉ ግዴታ በፊትህ ማመስገን፣ እልልታ፣ ማሞገስ፣ ማወደስ፣ ከፍ፣ ከፍ
ማድረግ፣
ማስጌጥ፣ ዘላለማዊ ማድረግ፣
ከአገልጋይህና ከመሲህ ከይሻይ ልጅ ከዳዊት
መዝሙሮችና ምስጋናዎች ይበልጥ።

ስለዚህ ንጉሣችን ስምህ ለዘላለም ይሞገስ፤
በሰማይና በምድር ንጉሥ ታላቅና ቅዱስ የሆንከው አምላክ፤
አቤቱ አምላካችን የአባቶቻችን አምላክ፤ መዝሙርና ምስጋና፤
ምስጋናና ዝማሬ ሀይልና ግዛት፤
ዘላለማዊነት፤ ታላቅነት፤ ጀግንነት፤
ምስጋናና ውዳሴ፣ ቅድስናና መንግሥት፣
ቡራኬና ምስጋና ለታላቁና ቅዱሱ ስምህ ለዘላለም ለአንተ ይገባል።
ከዓለም እስከ ዓለም አምላክ አንተ ነህና።

አቤቱ አምላካችን ሥራዎችህ ሁሉ ያመሰግኑሃል፤
ደጋጎችህ ፍቃድህን የሚፈጽሙ ጻድቃኖች፤ ሕዝብህም ቤተ-እስራኤል
ሁሉም በደስታ የክብርህን ስም ይባርኩም ያሞግሱም ያድንቁም
ምክኒያቱም ለአንተ ማመስገን መልካም ነውና ለስምህም መዘመር ተስማሚ
ነውና
ከዓለም እስከ ዓለም አምላክ አንተ ነህና፡፡

ብሩክ አንተ እግዚአብሔር በውዳሴዎች የተወደስከው ንጉሥ፡፡ አሜን

አራተኛውን ጽዋ ያለቡራኬ ወደ ግራ ዘንበል ብሎ ይጠጣ

בְּמִקְהֲלוֹת רִבְבוֹת עַמְּךָ בֵּית יִשְׂרָאֵל
שֶׁכֵּן חוֹבַת כָּל הַיְצוּרִים
לְפָנֶיךָ יהוה אֱלֹהֵינוּ וֵאלֹהֵי אֲבוֹתֵינוּ
לְהוֹדוֹת, לְהַלֵּל, לְשַׁבֵּחַ, לְפָאֵר, לְרוֹמֵם
לְהַדֵּר וּלְנַצֵּחַ
עַל כָּל דִּבְרֵי שִׁירוֹת וְתִשְׁבְּחוֹת
דָּוִד בֶּן יִשַׁי, עַבְדְּךָ מְשִׁיחֶךָ.

וּבְכֵן יִשְׁתַּבַּח שִׁמְךָ לָעַד מַלְכֵּנוּ
הָאֵל הַמֶּלֶךְ הַגָּדוֹל וְהַקָּדוֹשׁ בַּשָּׁמַיִם וּבָאָרֶץ
כִּי לְךָ נָאֶה, יהוה אֱלֹהֵינוּ וֵאלֹהֵי אֲבוֹתֵינוּ לְעוֹלָם וָעֶד
שִׁיר וּשְׁבָחָה, הַלֵּל וְזִמְרָה
עֹז וּמֶמְשָׁלָה, נֶצַח, גְּדֻלָּה, גְּבוּרָה
תְּהִלָּה וְתִפְאֶרֶת, קְדֻשָּׁה וּמַלְכוּת
בְּרָכוֹת וְהוֹדָאוֹת לְשִׁמְךָ הַגָּדוֹל וְהַקָּדוֹשׁ
מֵעַתָּה וְעַד עוֹלָם אַתָּה אֵל.

יְהַלְלוּךָ יהוה אֱלֹהֵינוּ כָּל מַעֲשֶׂיךָ, וַחֲסִידֶיךָ, וְצַדִּיקִים עוֹשֵׂי רְצוֹנֶךָ
וְעַמְּךָ בֵּית יִשְׂרָאֵל, כֻּלָּם בְּרִנָּה יוֹדוּ וִיבָרְכוּ וִישַׁבְּחוּ וִיפָאֲרוּ אֶת
שֵׁם כְּבוֹדֶךָ, כִּי לְךָ טוֹב לְהוֹדוֹת, וּלְשִׁמְךָ נָעִים לְזַמֵּר
וּמֵעוֹלָם וְעַד עוֹלָם אַתָּה אֵל.

בָּרוּךְ אַתָּה יהוה, מֶלֶךְ מְהֻלָּל בַּתִּשְׁבָּחוֹת. אָמֵן.

שותים כוס רביעי בהסבת שמאל בלא ברכה.

ወደ ግራ ዘንበል በማለት ይጠጣ

ብሩክ አንተ እግዚአብሔር አምላካችን የዓለም ንጉሥ ስለ ወይንና ስለ ወይን ፍሬ
ስለ እርሻው ሰብል ስለተዋበችው መልካሚቷና ሰፊያዋ አገር በፈቃድህም ለአባቶቻችን
ያወረስካት ፍሬዋን ለመብላት በፀጋውም ለመርካት፤
እግዚአብሔር አምላካችን ሆይ በእኛና በሕዝብህ በእስራኤል ላይ በከተማህም
በእየሩሳሌም ላይ በጽዮን ተራራ ላይ ለመሰዊያህም ለመንበርህም ራራልን።
የተቀደሰችውንም ከተማ እየሩሳሌምን በቶሎ በዘመናችን ግንባት፤
ወደ እርሷም አግባን በግንባታዋ አስደስተን፤
በእርሷም ላይ በቅድስናና በንጽህና እንባርክህ ዘንድ፤
ፈቃድህ ሆኖ በዚህ የሰንበት ቀን ታደገን
እግዚአብሔር አምላካችን ሆይ በዚህ የቂጣ በዓል ቀን በዚህ በተቀደሰ ቀን አስደስተን
አቤቱ አንተ ነህና መልካምን ለሁሉም መልካም
የምታደርግ ስለ አገሪቱና ስለ ወይን ፍሬ እናመሰግንህ አለን።
ብሩክ አንተ እግዚአብሔር ስለ አገሪቱና ስለ ወይን ፍሬ እናመሰግንህ አለን።

נרצה *ተፈፀመ*

የፋሲካ ዝግጅት ሕጉ እንደሚያዘው ሆኖ ተፈጸመ።
እንደሕጉና እንደ ሥራዓቱ አድርገን እሱን ለማዘጋጀት እንደበቃነው
እንዲሁም እርሱን ለመፈጸም ያብቃን።
በመንበሩ ለሚኖረው ንጹህ መሆን፤
ለመቆጠር የማይቻለውን ሕዝብ በደስታ ከፍ፤

ከፍ የሚያደርግ፤ የሚያነሳ።

ואחר כך מברך ברכה אחרונה:

בָּרוּךְ אַתָּה יהוה אֱלֹהֵינוּ מֶלֶךְ הָעוֹלָם
עַל הַגֶּפֶן וְעַל פְּרִי הַגֶּפֶן
וְעַל תְּנוּבַת הַשָּׂדֶה וְעַל אֶרֶץ חֶמְדָּה טוֹבָה וּרְחָבָה
שֶׁרָצִיתָ וְהִנְחַלְתָּ לַאֲבוֹתֵינוּ לֶאֱכֹל מִפִּרְיָהּ וְלִשְׂבֹּעַ מִטּוּבָהּ.
רַחֶם יהוה אֱלֹהֵינוּ עַל יִשְׂרָאֵל עַמֶּךָ
וְעַל יְרוּשָׁלַיִם עִירֶךָ וְעַל הַר צִיּוֹן מִשְׁכַּן כְּבוֹדֶךָ
וְעַל מִזְבְּחֶךָ וְעַל הֵיכָלֶךָ.
וּבְנֵה יְרוּשָׁלַיִם עִיר הַקֹּדֶשׁ בִּמְהֵרָה בְיָמֵינוּ
וְהַעֲלֵנוּ לְתוֹכָהּ וְשַׂמְּחֵנוּ בְּבִנְיָנָהּ
וּנְבָרֶכְךָ עָלֶיהָ בִּקְדֻשָּׁה וּבְטָהֳרָה.
וּרְצֵה וְהַחֲלִיצֵנוּ בְּיוֹם הַשַּׁבָּת הַזֶּה
וְשַׂמְּחֵנוּ בְּיוֹם חַג הַמַּצּוֹת הַזֶּה, בְּיוֹם טוֹב מִקְרָא קֹדֶשׁ הַזֶּה.
כִּי אַתָּה טוֹב וּמֵטִיב לַכֹּל, וְנוֹדֶה לְּךָ יהוה אֱלֹהֵינוּ
עַל הָאָרֶץ וְעַל פְּרִי הַגֶּפֶן/ אם היין מארץ ישראל: **גַּפְנָהּ**/.
בָּרוּךְ אַתָּה יהוה עַל הָאָרֶץ וְעַל פְּרִי הַגֶּפֶן/ אם היין מארץ ישראל: **גַּפְנָהּ**/.

נרצה

חֲסַל סִדּוּר פֶּסַח כְּהִלְכָתוֹ, כְּכָל מִשְׁפָּטוֹ וְחֻקָּתוֹ
כַּאֲשֶׁר זָכִינוּ לְסַדֵּר אוֹתוֹ, כֵּן נִזְכֶּה לַעֲשׂוֹתוֹ
זָךְ שׁוֹכֵן מְעוֹנָה, קוֹמֵם קְהַל עֲדַת מִי מָנָה
קָרֵב נַהֵל נִטְעֵי כַנָּה, פְּדוּיִים לְצִיּוֹן בְּרִנָּה.

לַשָּׁנָה הַבָּאָה בִּירוּשָׁלַיִם הַבְּנוּיָה.

እናንም በእኩለ ሌሊት እንዲህ ሆነ፤

በቀደምት ቀናት ብዙ ተአምራቶችን በምሽት አደረግህ፤
በራሱ በዚህ ሌሊት የመጀመሪያ ሰዓት በምሽቱ አጃቢዎቹን ሲከፍል፣
ሙሉ ድል ለአብራሃም መጣለት፤

ይህ በኩለ ሌሊት ሆነ!!

የገራርን ንጉሥ በሕልሙ ፈረደበት፤
ላባንን በምሽቱ መሃከል አስፈራራኸው፤
እስራኤል በምሽት ከመላአክ ጋር ታግሎ አሸነፈ፤

ይህ በእኩለ ሌሊት ሆነ!

የግብጻዊያንን የመጀመሪያ ልጆች በእኩለ ለሊት መታህ፤
በምሽት በተነሱ ጊዜም የሚመኩባቸው እንደ ሄዱ
አወቁ የሲስራን ጦር በምሽት ከዋክብት አጠፋኸው፤

ይህ በኩለ ሌሊት ሆነ!

እየሩሳሌምን ከቦ የነበረው የሶሪያዊያን ጦር በእኩለ ሌሊት ተመታ፤
ቤልና መቆሚያው በምሽት ጨለማ ተወረሩ፤
ለዳንኤልም ሚስጢርህን በምሽት ራዕይ ገለፅክለት፤

ይህ በኩለ ሌሊት ሆነ!

ንጉሥ ቤልሻዖር በቅዱስ እቃዎቹ የጠጣው በምሽት ታረደ፤
ዳንኤል ከአንበሶች ጉድጓድ ተርፎ አስፈሪዎችን የምሽት ህልሞች
ፈታ።
ሀማን የጥላቻ አዋጁን በምሽት ፃፈ፤

ይህ እኩለ ሌሊት ሆነ!

በምሽት በአርጤክስስ እንቅልፍ ማጣት
በሱ ላይ ድልን ተጎናፀፍክ።

ይህ በእኩለ ሌሊት ሆነ!

ቀንም ምሽትም ያልሆነውን ቀን አቅርበው፤
አቤቱ ከሁሉም በላይ የሆንከው ያንተ፣
ቀንም ምሽትም እንደሆነ አሣውቅ።
በከተማህ ላይ በቀንም በምሽትም ጠባቂ አቁም፤
የምሽቱን ጨለማ እንደ ቀኑ ብርሃን አድርገው።

ይህ በእኩለ ሌሊት ሆነ!

በሁለተኛው ሌሊት ይህ ይባላል

וּבְכֵן וַיְהִי בַּחֲצִי הַלַּיְלָה

אָז רֹב נִסִּים הִפְלֵאתָ בַּלַּיְלָה
בְּרֹאשׁ אַשְׁמוּרוֹת זֶה הַלַּיְלָה
גֵּר צֶדֶק נִצַּחְתּוֹ, כְּנֶחֱלַק לוֹ לַיְלָה
וַיְהִי בַּחֲצִי הַלַּיְלָה

דַּנְתָּ מֶלֶךְ גְּרָר בַּחֲלוֹם הַלַּיְלָה
הִפְחַדְתָּ אֲרַמִּי בְּאֶמֶשׁ לַיְלָה
וַיִּשְׂרָאֵל יָשַׂר לָאֵל, וַיּוּכַל לוֹ לַיְלָה
וַיְהִי בַּחֲצִי הַלַּיְלָה

זֶרַע בְּכוֹרֵי פַתְרוֹס מָחַצְתָּ בַּחֲצִי הַלַּיְלָה
חֵילָם לֹא מָצְאוּ בְּקוּמָם בַּלַּיְלָה
טִיסַת נְגִיד חֲרֹשֶׁת סִלִּיתָ בְכוֹכְבֵי לַיְלָה
וַיְהִי בַּחֲצִי הַלַּיְלָה

יָעַץ מְחָרֵף לְנוֹפֵף אִוּוּי, הוֹבַשְׁתָּ פְגָרָיו בַּלַּיְלָה
כָּרַע בֵּל וּמַצָּבוֹ בְּאִישׁוֹן לַיְלָה
לְאִישׁ חֲמוּדוֹת נִגְלָה רָז חֲזוֹת לַיְלָה
וַיְהִי בַּחֲצִי הַלַּיְלָה

מִשְׁתַּכֵּר בִּכְלֵי קֹדֶשׁ נֶהֱרַג בּוֹ בַּלַּיְלָה
נוֹשַׁע מִבּוֹר אֲרָיוֹת, פּוֹתֵר בִּעֲתוּתֵי לַיְלָה
שִׂנְאָה נָטַר אֲגָגִי, וְכָתַב סְפָרִים בַּלַּיְלָה
וַיְהִי בַּחֲצִי הַלַּיְלָה

עוֹרַרְתָּ נִצְחֲךָ עָלָיו בְּנֶדֶד שְׁנַת לַיְלָה
פּוּרָה תִדְרוֹךְ לְשׁוֹמֵר מַה מִלַּיְלָה
צָרַח כַּשּׁוֹמֵר, וְשָׂח אָתָא בֹקֶר וְגַם לַיְלָה
וַיְהִי בַּחֲצִי הַלַּיְלָה

קָרֵב יוֹם אֲשֶׁר הוּא לֹא יוֹם וְלֹא לַיְלָה
רָם הוֹדַע כִּי לְךָ הַיּוֹם אַף לְךָ הַלַּיְלָה
שׁוֹמְרִים הַפְקֵד לְעִירְךָ כָּל הַיּוֹם וְכָל הַלַּיְלָה
תָּאִיר כְּאוֹר יוֹם חֶשְׁכַת לַיְלָה
וַיְהִי בַּחֲצִי הַלַּיְלָה

በውጭ አገር ይህ በሁለተኛው የፋሲካ ሌሊት ነው የሚባለው

እና ይህ የፋሲካ ቁርብን ነው።

ታላቁ ሀያላን ኃያል አንተ አሣየህን በፋሲካ።
ከበአላት ሁሉ ከፍ አደርገህ መረጥከው ፋሲካን።
ለአብርሃም የእስራኤልን የወደፊት እድል ገለፅክለት በፋሲካ፡፡

ይህ የፋሲካ ቁርባን ነው!

በቀኑ ሙቀት በሩን አንኳኳህ በፋሲካ።
ለመላእክቱም ያልቦካ ቂጣ (ማጻ) አቀረበላቸው በፋሲካ፤
ወደ መንጋውም መስዋዕቱን ሊያመጣ ሮጠ በፋሲካ።

ይህ የፋሲካ ቁርባን ነው!

ሶዶማውያን እግዚአብሔርን አስቆጡና በእሳት ተበሉ በፋሲካ።
ሎጥ ከነሱ ተለይቶ ያልቦካ ቂጣ ጋገረ በፋሲካ።
በውስጡ ባለፍክ ጊዜም ግብጽን አፀዳህ በፋሲካ።

ይህ የፋሲካ ቁርባን ነው!

የግብጻዊያንን የበኩር ልጆች ሁሉ መታህ በመጀመሪያው ምሽት ፋሲካ።
ወደ እስራኤላዊያን በር ማንም የጥፋት
መላእክተኛ እንዲገባ አልፈቀድክም በፋሲካ።

ህይ የፋሲካ የቁርባን ስዕለት ነው!

የኢያሪኮ ግንብ ወደቀ በፋሲካ።
አንድ ኦሜር በሚላክ የግብስ ዳቦ ሚድያን ተደመሰሰ፤ በፋሲካ።

ይህ የፋሲካ ቁርባን ስዕለት ነው!

ሴናካሬብ በጽዮን በር አደጋ ገጠመው፤ በፋሲካ።
በባቢሎን እጅ፣ በግድግዳ ላይ ፃፈ በፋሲካ።
አመፀኛው ከተማ ፍርዱን አገኘ፤ በፋሲካ።

ይህ የፋሲካ ቁርባን ነው!

ንግሥት አስቴር ማሕበሩን ለሦስት ቀናት
እንዲፆሙ አሰባሰበች በፋሲካ።
ሀማን ሃምሳ ክንድ ከፍታ ባለው መስቀያ ተሰቀለ፤ በፋሲካ።
በጠላቶቻችን ላይ ሁለት እጥፍ ቅጣት አመጣህባቸው በፋሲካ።
በዚህ በተቀደሰ የፋሲካ በዓል ላይ ቀኝ እጅህ ከፍ ይላል።

ይህ የፋሲካ ቁርባን ነው!

בחוץ לארץ אומרים פיוט זה רק בלילה השני של פסח.

וּבְכֵן וַאֲמַרְתֶּם זֶבַח פֶּסַח

אֹמֶץ גְּבוּרוֹתֶיךָ הִפְלֵאתָ **בַּפֶּסַח**
בְּרֹאשׁ כָּל מוֹעֲדוֹת נִשֵּׂאתָ **פֶּסַח**
גִּלִּיתָ לְאֶזְרָחִי חֲצוֹת לֵיל **פֶּסַח**
וַאֲמַרְתֶּם זֶבַח פֶּסַח

דְּלָתָיו דָּפַקְתָּ כְּחֹם הַיּוֹם **בַּפֶּסַח**
הִסְעִיד נוֹצְצִים עֻגוֹת מַצּוֹת **בַּפֶּסַח**
וְאֶל הַבָּקָר, רָץ זֵכֶר לְשׁוֹר עֵרֶךְ **פֶּסַח**
וַאֲמַרְתֶּם זֶבַח פֶּסַח

זֹעֲמוּ סְדוֹמִים, וְלֹהֲטוּ בָּאֵשׁ **בַּפֶּסַח**
חֻלַּץ לוֹט מֵהֶם, וּמַצּוֹת אָפָה בְּקֵץ **פֶּסַח**
טִאטֵאתָ אַדְמַת מֹף וְנֹף בְּעָבְרְךָ **בַּפֶּסַח**
וַאֲמַרְתֶּם זֶבַח פֶּסַח

יָהּ, רֹאשׁ כָּל אוֹן מָחַצְתָּ בְּלֵיל שִׁמּוּר **פֶּסַח**
כַּבִּיר, עַל בֵּן בְּכוֹר פָּסַחְתָּ בְּדַם **פֶּסַח**
לְבִלְתִּי תֵּת מַשְׁחִית לָבֹא בִּפְתָחַי **בַּפֶּסַח**
וַאֲמַרְתֶּם זֶבַח פֶּסַח

מְסֻגֶּרֶת סֻגָּרָה בְּעִתּוֹתֵי **פֶּסַח**
נִשְׁמְדָה מִדְיָן בִּצְלִיל שְׂעוֹרֵי עֹמֶר **פֶּסַח**
שֹׂרְפוּ מִשְׁמַנֵּי פּוּל וְלוּד, בִּיקַד יְקוֹד **פֶּסַח**
וַאֲמַרְתֶּם זֶבַח פֶּסַח

עוֹד הַיּוֹם בְּנֹב לַעֲמֹד, עַד גָּעָה עוֹנַת **פֶּסַח**
פַּס יָד כָּתְבָה לְקַעֲקֵעַ צוּל **בַּפֶּסַח**
צָפֹה הַצָּפִית עָרוֹךְ הַשֻּׁלְחָן **בַּפֶּסַח**
וַאֲמַרְתֶּם זֶבַח פֶּסַח

קָהָל כִּנְּסָה הֲדַסָּה, צוֹם לְשַׁלֵּשׁ **בַּפֶּסַח**
רֹאשׁ מִבֵּית רָשָׁע מָחַצְתָּ בְּעֵץ חֲמִשִּׁים **בַּפֶּסַח**
שְׁתֵּי אֵלֶּה, רֶגַע תָּבִיא לְעוּצִית **בַּפֶּסַח**
תָּעֹז יָדְךָ, תָּרוּם יְמִינְךָ, כְּלֵיל הִתְקַדֵּשׁ חַג **פֶּסַח**
וַאֲמַרְתֶּם זֶבַח פֶּסַח

ለእርሱ ይገባዋል፤ ለእርሱ ድርሻው ነው።
ሃያል በግርማ ሞገስ፣ ከፍተኛ በእርግጥ! ቁጥር ስፍር የሌላቸው ለእርሱ ይዘምራሉ፤
የዓለም መንግሥትነት ያንተ ነው፤ አቤቱ ጌታ እግዚአብሔር።
ለእርሱ ይገባዋል፣ ለእሱ ድርሻው ነው።

የመጀመሪያ በግርማ ሞገስ ያሸበረቀ በእርግጥ ታማኞቹ ለሱ ይዘምራሉ፤ የዓለም
ንጉሥነት ያንተ ብቻ ነው አቤቱ ጌታ እግዚአብሔር።
ለእርሱ ይገባዋል፣ ለእርሱ ድርሻው ነው።

ንፁህ በግርማ ሞገስ፣ ሃይለኛ በእርግጥ፣ ተከታዮቹ ለእርሱ ይዘምራሉ፣
የዓለም ንጉሥነት የአንተ ብቻ ነው አቤቱ እግዚአብሔር።
እርሱ ይገባዋል ለእርሱ ድርሻው ነው።

በርቅና ልዩ በግርማ ሞገስ፣ ታላቅ በርግጥ፣ ተማሪዎቹ ለእርሱ ይዘምራሉ፣
የዓለም ንጉሥነት የአንተ ብቻ ነው፤ አቤቱ ጌታ እግዚአብሔር።
ለእርሱ ይገባዋል፣ ለእርሱ ድርሻው ነው።

መሪ በግርማ ሞገስ፣ የተከበረ በርግጥ! መላአክቱ ለእርሱ ይዘምራሉ፣
የዓለም ንጉሥነት የአንተ ብቻ ነው፤ አቤቱ ጌታ እግዚአብሔር።
ለእርሱ ይገባዋል፣ ለሱ ድርሻ ነው።

ትሁት በግርማ ሞገስ ነፃ አውጭ በርግጥ! ቅዱሳኑ ለሱ ይዘምራሉ፤
የዓለም ንጉሥነት የአንተ ብቻ ነው፣ አቤቱ ጌታ እግዚአብሔር።
ለእርሱ ይገባዋል፣ ለእርሱ ድርሻው ነው፤

ቅዱስ በግርማ ሞገስ መሃሪ በርግጥ! ቁጥር ስፍር የሌላቸው ለእርሱ ይዘምራሉ፣
የዓለም ንጉሥነት የአንተ ብቻ ነው፤ አቤቱ ጌታ እግዚአብሔር።
ለእርሱ ይገባዋል፣ ለእርሱ ድርሻው ነው።

ፍጹም በግርማ ሞገስ፣ ደጋፊ በርግጥ! እውነተኛዎቹ ለእርሱ ይዘምራሉ፤
የዓለም ንጉሥነት የአንተ ብቻ ነው፤ አቤቱ ጌታ እግዚአብሔር።
ለእርሱ ይገባዋል፣ ለእርሱ ድርሻው ነው።

כִּי לוֹ נָאֶה, כִּי לוֹ יָאֶה

אַדִּיר בִּמְלוּכָה   בָּחוּר כַּהֲלָכָה   גְּדוּדָיו יֹאמְרוּ לוֹ
לְךָ וּלְךָ, לְךָ כִּי לְךָ, לְךָ אַף לְךָ, לְךָ יהוה הַמַּמְלָכָה
כִּי לוֹ נָאֶה, כִּי לוֹ יָאֶה

דָּגוּל בִּמְלוּכָה   הָדוּר כַּהֲלָכָה   וָתִיקָיו יֹאמְרוּ לוֹ
לְךָ וּלְךָ, לְךָ כִּי לְךָ, לְךָ אַף לְךָ, לְךָ יהוה הַמַּמְלָכָה
כִּי לוֹ נָאֶה, כִּי לוֹ יָאֶה

זַכַּאי בִּמְלוּכָה   חָסִין כַּהֲלָכָה   טַפְסְרָיו יֹאמְרוּ לוֹ
לְךָ וּלְךָ, לְךָ כִּי לְךָ, לְךָ אַף לְךָ, לְךָ יהוה הַמַּמְלָכָה
כִּי לוֹ נָאֶה, כִּי לוֹ יָאֶה

יָחִיד בִּמְלוּכָה   כַּבִּיר כַּהֲלָכָה   לִמּוּדָיו יֹאמְרוּ לוֹ
לְךָ וּלְךָ, לְךָ כִּי לְךָ, לְךָ אַף לְךָ, לְךָ יהוה הַמַּמְלָכָה
כִּי לוֹ נָאֶה, כִּי לוֹ יָאֶה

מֶלֶךְ בִּמְלוּכָה   נוֹרָא כַּהֲלָכָה   סְבִיבָיו יֹאמְרוּ לוֹ
לְךָ וּלְךָ, לְךָ כִּי לְךָ, לְךָ אַף לְךָ, לְךָ יהוה הַמַּמְלָכָה
כִּי לוֹ נָאֶה, כִּי לוֹ יָאֶה

עָנָו בִּמְלוּכָה   פּוֹדֶה כַּהֲלָכָה   צַדִּיקָיו יֹאמְרוּ לוֹ
לְךָ וּלְךָ, לְךָ כִּי לְךָ, לְךָ אַף לְךָ, לְךָ יהוה הַמַּמְלָכָה
כִּי לוֹ נָאֶה, כִּי לוֹ יָאֶה

קָדוֹשׁ בִּמְלוּכָה   רַחוּם כַּהֲלָכָה   שִׁנְאַנָּיו יֹאמְרוּ לוֹ
לְךָ וּלְךָ, לְךָ כִּי לְךָ, לְךָ אַף לְךָ, לְךָ יהוה הַמַּמְלָכָה
כִּי לוֹ נָאֶה, כִּי לוֹ יָאֶה

תַּקִּיף בִּמְלוּכָה   תּוֹמֵךְ כַּהֲלָכָה   תְּמִימָיו יֹאמְרוּ לוֹ
לְךָ וּלְךָ, לְךָ כִּי לְךָ, לְךָ אַף לְךָ, לְךָ יהוה הַמַּמְלָכָה
כִּי לוֹ נָאֶה, כִּי לוֹ יָאֶה

እርሱ ሀያል ነው፤

በቅርቡ ቤቱን ይሠራል፤
በፍጥነት፣ በፍጥነት በእኛ ጊዜ በቅርቡ ።
አምላክ ሥራ፣ አምላክ ሥራ፣ በቅርቡ ቤትህን ሥራ።

እርሱ ምርጥ ነው
እርሱ ድንቅ ነው
እርሱ ቸር ነው
እርሱ ትልቅ ነው።
እርሱ አስፈሪ ነው።
እርሱ ታዳጊ ነው፣
እርሱ ሩህ ሩህ ነው።

እርሱ ታላቅ ነው፤
እርሱ የጥንት ነው፤
እርሱ ንጹህ ነው፣
እርሱ አዋቂ ነው፣
እርሱ ጠንካራ ነው፣
እርሱ ጻድቅ ነው።
እርሱ ሻዳይ(ሁሉን ቻይ) ነው

እርሱ ዝነኛ ነው።
እርሱ ሃቀኛ ነው
እርሱ አንድ ነው
እርሱ ንጉሥ ነው፣
እርሱ ጀግና ነው
እርሱ ቅዱስ ነው
እርሱ ሃያል ነው

በቅርቡ ቤቱን ይሠራል፤
በፍጥነት፣ በፍጥነት፣ በእኛ ጊዜ በቅርቡ ፣
አምላክ ሥራ፣ አምላክ ሥራ፣

በቅርቡ ቤትህን ሥራ።

אַדִּיר הוּא

יִבְנֶה בֵּיתוֹ בְּקָרוֹב
בִּמְהֵרָה בִּמְהֵרָה, בְּיָמֵינוּ בְּקָרוֹב
אֵל בְּנֵה אֵל בְּנֵה בְּנֵה בֵּיתְךָ בְּקָרוֹב

בָּחוּר הוּא גָּדוֹל הוּא דָּגוּל הוּא
הָדוּר הוּא וָתִיק הוּא זַכַּאי הוּא
חָסִיד הוּא טָהוֹר הוּא יָחִיד הוּא
כַּבִּיר הוּא לָמוּד הוּא מֶלֶךְ הוּא
נוֹרָא הוּא סַגִּיב הוּא עִזּוּז הוּא
פּוֹדֶה הוּא צַדִּיק הוּא קָדוֹשׁ הוּא
רַחוּם הוּא שַׁדַּי הוּא תַּקִּיף הוּא

יִבְנֶה בֵּיתוֹ בְּקָרוֹב
בִּמְהֵרָה בִּמְהֵרָה, בְּיָמֵינוּ בְּקָרוֹב
אֵל בְּנֵה אֵל בְּנֵה
בְּנֵה בֵּיתְךָ בְּקָרוֹב

አንድ ማን ያውቃል?

አንድ እኔ አውቃለሁ፤

አንድ በሰማይና በምድር ያለው አምላካችን ነው።

ሁለት ማን ያውቃል?
ሁለት እኔ አውቃለሁ፤
ሁለቱ የቃል ኪዳን ገበቶች፣
አንድ በሰማይና በምድር ያለው አምላካችን ነው።

ሦስት ማን ያውቃል?
ሦስት እኔ አውቃለሁ፤
ሦስቱ አባቶች፣
ሁለቱ የቃል ኪዳን ገበቶች፣
አንድ በሰማይና በምድር ያለው አምላካችን ነው።

አራት ማን ያውቃል?
አራት እኔ አውቃለሁ፤
አራቱ እናቶች፣
ሦስቱ አባቶች፣ ሁለቱ የቃል ኪዳን ገበቶች፣
አንድ በሰማይና በምድር ያለው አምላካችን ነው።

አምስት ማን ያውቃል?
አምስት እኔ አውቃለሁ፤
አምስቱ ብሔረ ኦሪት፣
አራቱ እናቶች፣ ሦስቱ አባቶች፣ ሁለቱ የቃልኪዳን ገበቶች፣
አንድ በሰማይና በምድር ያለው አምላካችን ነው።

אֶחָד מִי יוֹדֵעַ

אֶחָד אֲנִי יוֹדֵעַ

אֶחָד אֱלֹהֵינוּ שֶׁבַּשָּׁמַיִם וּבָאָרֶץ

שְׁנַיִם מִי יוֹדֵעַ
שְׁנַיִם אֲנִי יוֹדֵעַ
שְׁנֵי לוּחוֹת הַבְּרִית
אֶחָד אֱלֹהֵינוּ שֶׁבַּשָּׁמַיִם וּבָאָרֶץ

שְׁלוֹשָׁה מִי יוֹדֵעַ
שְׁלוֹשָׁה אֲנִי יוֹדֵעַ
שְׁלוֹשָׁה אָבוֹת
שְׁנֵי לוּחוֹת הַבְּרִית
אֶחָד אֱלֹהֵינוּ שֶׁבַּשָּׁמַיִם וּבָאָרֶץ

אַרְבַּע מִי יוֹדֵעַ
אַרְבַּע אֲנִי יוֹדֵעַ
אַרְבַּע אִמָּהוֹת
שְׁלוֹשָׁה אָבוֹת   שְׁנֵי לוּחוֹת הַבְּרִית
אֶחָד אֱלֹהֵינוּ שֶׁבַּשָּׁמַיִם וּבָאָרֶץ

חֲמִשָּׁה מִי יוֹדֵעַ
חֲמִשָּׁה אֲנִי יוֹדֵעַ
חֲמִשָּׁה חֻמְשֵׁי תוֹרָה
אַרְבַּע אִמָּהוֹת   שְׁלוֹשָׁה אָבוֹת   שְׁנֵי לוּחוֹת הַבְּרִית
אֶחָד אֱלֹהֵינוּ שֶׁבַּשָּׁמַיִם וּבָאָרֶץ

ስድስት ማን ያውቃል?
ስድስት እኔ አውቃለሁ፤
ስድስቱ የምሽና መጽሐፍት፣
አምስቱ ብሔረ ኦሪት፣ አራቱ እናቶች፣
ሦስቱ አባቶች፣ ሁለቱ የቃል ኪዳን ገበቶች፣
አንድ በሰማይና በምድር ያለው አምላካችን ነው።

ሰባት ማን ያውቃል?
ሰባት እኔ አውቃለሁ፤
ሰባቱ የሳምንት ቀናት፣
ስድስቱ የምሽና መጽሐፍት፣ አምስቱ ብሔረ ኦሪት፣
አራቱ እናቶች፣ ሦስቱ አባቶች፣ ሁለቱ የቃል ኪዳን ገበቶች፣ አንድ በሰማይና
በምድር ያለው አምላካችን ነው።

ስምንት ማን ያውቃል?
ስምንት እኔ አውቃለሁ?
ስምንት የግርዛት ቀናት፣
ሰባቱ የሳምንት ቀናት፣ ስድስቱ የምሽና መጽሐፍት፣
አምስቱ ብሔረ ኦሪት፣ አራቱ እናቶች፣ ሦስቱ አባቶች፣
ሁለቱ የቃል ኪዳን ገበቶች፣
አንድ በሰማይና በምድር ያለው እግዚአብሔር።

ዘጠኝ ማን ያውቃል?
ዘጠኝ እኔ አውቃለሁ፤
ዘጠኝ የርግዝና ወራቶች፣
ስምንት የግርዛት ቀናት፣ ሰባቱ የሳምንት ቀናት፣
ስድስቱ የምሽና መጽሐፍት፣ አምስቱ ብሔረ ኦሪት፣
አራቱ እናቶች፣ ሦስቱ አባቶች፣ ሁለቱ የቃል ኪዳን ገበቶች፣
አንድ በሰማይና በምድር ያለው እግዚአብሔር ነው።

שִׁשָּׁה מִי יוֹדֵעַ
שִׁשָּׁה אֲנִי יוֹדֵעַ
שִׁשָּׁה סִדְרֵי מִשְׁנָה
חֲמִשָּׁה חֻמְשֵׁי תוֹרָה   אַרְבַּע אִמָּהוֹת   שְׁלוֹשָׁה אָבוֹת
שְׁנֵי לוּחוֹת הַבְּרִית
אֶחָד אֱלֹהֵינוּ שֶׁבַּשָּׁמַיִם וּבָאָרֶץ

שִׁבְעָה מִי יוֹדֵעַ
שִׁבְעָה אֲנִי יוֹדֵעַ
שִׁבְעָה יְמֵי שַׁבַּתָּא
שִׁשָּׁה סִדְרֵי מִשְׁנָה   חֲמִשָּׁה חֻמְשֵׁי תוֹרָה
אַרְבַּע אִמָּהוֹת   שְׁלוֹשָׁה אָבוֹת   שְׁנֵי לוּחוֹת הַבְּרִית
אֶחָד אֱלֹהֵינוּ שֶׁבַּשָּׁמַיִם וּבָאָרֶץ

שְׁמוֹנָה מִי יוֹדֵעַ
שְׁמוֹנָה אֲנִי יוֹדֵעַ
שְׁמוֹנָה יְמֵי מִילָה
שִׁבְעָה יְמֵי שַׁבַּתָּא   שִׁשָּׁה סִדְרֵי מִשְׁנָה
חֲמִשָּׁה חֻמְשֵׁי תוֹרָה   אַרְבַּע אִמָּהוֹת   שְׁלוֹשָׁה אָבוֹת
שְׁנֵי לוּחוֹת הַבְּרִית
אֶחָד אֱלֹהֵינוּ שֶׁבַּשָּׁמַיִם וּבָאָרֶץ

תִּשְׁעָה מִי יוֹדֵעַ
תִּשְׁעָה אֲנִי יוֹדֵעַ
תִּשְׁעָה יַרְחֵי לֵדָה
שְׁמוֹנָה יְמֵי מִילָה   שִׁבְעָה יְמֵי שַׁבַּתָּא
שִׁשָּׁה סִדְרֵי מִשְׁנָה   חֲמִשָּׁה חֻמְשֵׁי תוֹרָה
אַרְבַּע אִמָּהוֹת   שְׁלוֹשָׁה אָבוֹת   שְׁנֵי לוּחוֹת הַבְּרִית
אֶחָד אֱלֹהֵינוּ שֶׁבַּשָּׁמַיִם וּבָאָרֶץ

ዓሥር ማን ያውቃል?
ዓሥር እኔ አውቃለሁ፤
ዓሥር አስርቱ ቃላት ኦሪት፣
ዘጠኝ የርግዝና ወራቶች፣ ስምንት የግርዛት ቀናት፣
ሰባቱ የሳምንት ቀናት፣ ስድስቱ የምሽና መጽሐፍት፣
አምስቱ ብሔረ ኦሪት፣ አራቱ እናቶች፣
ሦስቱ አባቶች፣
ሁለቱ የቃል ኪዳን ገበቶች፣
አንድ በሰማይና በምድር ያለው አምላካችን ነው።

ዓሥራ አንድ ማን ያውቃል?
ዓሥራ አንድ እኔ አውቃለሁ፤
ዓሥራ አንድ ከዋክብቶች፣
ዓሥር አስርቱ ቃላት ኦሪት፣ ዘጠኝ የርግዝና ወራቶች፣
ስምንት የግርዛት ቀናት፣ ሰባቱ የሳምንት ቀናት፣
ስድስቱ የምሽና መጽሐፍት፣ አምስቱ ብሔረ ኦሪት፣
አራቱ እናቶች፣ ሦስቱ አባቶች፣ ሁለቱ የቃል ኪዳን ገበቶች፣
አንድ በሰማይና በምድር ያለው አምላካችን ነው።

ዓሥራ ሁለት ማን ያውቃል?
ዓሥራ ሁለት እኔ አውቃለሁ፤
ዓሥራ ሁለቱ ነገዶች፣
ዓሥራ አንድ ከዋክብቶች፣ ዓሥር አስርቱ ቃላት ኦሪት፣
ዘጠኝ የርግዝና ወራቶች፣ ስምንት የግርዛት ቀናት፣
ሰባቱ የሳምንት ቀናት፣ ስድስቱ የምሽና መጽሐፍት፣
አምስቱ ብሔረ ኦሪት፣ አራቱ እናቶች፣ ሦስቱ አባቶች፣
ሁለቱ የቃል ኪዳን ገበቶች፣
አንድ በሰማይና በምድር ያለው አምላካችን ነው።

עֲשָׂרָה מִי יוֹדֵעַ
עֲשָׂרָה אֲנִי יוֹדֵעַ
עֲשָׂרָה דִבְּרַיָּא
תִּשְׁעָה יַרְחֵי לֵדָה   שְׁמוֹנָה יְמֵי מִילָה
שִׁבְעָה יְמֵי שַׁבְּתָא   שִׁשָּׁה סִדְרֵי מִשְׁנָה
חֲמִשָּׁה חֻמְשֵׁי תוֹרָה   אַרְבַּע אִמָּהוֹת   שְׁלוֹשָׁה אָבוֹת
שְׁנֵי לוּחוֹת הַבְּרִית
אֶחָד אֱלֹהֵינוּ שֶׁבַּשָּׁמַיִם וּבָאָרֶץ

אַחַד עָשָׂר מִי יוֹדֵעַ
אַחַד עָשָׂר אֲנִי יוֹדֵעַ
אַחַד עָשָׂר כּוֹכְבַיָּא
עֲשָׂרָה דִבְּרַיָּא   תִּשְׁעָה יַרְחֵי לֵדָה
שְׁמוֹנָה יְמֵי מִילָה   שִׁבְעָה יְמֵי שַׁבְּתָא
שִׁשָּׁה סִדְרֵי מִשְׁנָה   חֲמִשָּׁה חֻמְשֵׁי תוֹרָה
אַרְבַּע אִמָּהוֹת   שְׁלוֹשָׁה אָבוֹת   שְׁנֵי לוּחוֹת הַבְּרִית
אֶחָד אֱלֹהֵינוּ שֶׁבַּשָּׁמַיִם וּבָאָרֶץ

שְׁנֵים עָשָׂר מִי יוֹדֵעַ
שְׁנֵים עָשָׂר אֲנִי יוֹדֵעַ
שְׁנֵים עָשָׂר שִׁבְטַיָּא
אַחַד עָשָׂר כּוֹכְבַיָּא   עֲשָׂרָה דִבְּרַיָּא   תִּשְׁעָה יַרְחֵי לֵדָה
שְׁמוֹנָה יְמֵי מִילָה   שִׁבְעָה יְמֵי שַׁבְּתָא
שִׁשָּׁה סִדְרֵי מִשְׁנָה   חֲמִשָּׁה חֻמְשֵׁי תוֹרָה
אַרְבַּע אִמָּהוֹת   שְׁלוֹשָׁה אָבוֹת   שְׁנֵי לוּחוֹת הַבְּרִית
אֶחָד אֱלֹהֵינוּ שֶׁבַּשָּׁמַיִם וּבָאָרֶץ

ዓሥራ ሦስት ማን ያውቃል?

ዓሥራ ሦስት እኔ አውቃለሁ፤

ዓሥራ ሦስት የእግዚአብሔር ባህሪያቶች (የእምነት መሠረቶች)፣

ዓሥራ ሁለቱ ነገዶች፣ ዓሥራ አንድ ከዋክብቶች፣

ዓሥር አስርቱ ቃላት አሪት፣

ዘጠኝ የርግዝና ወራቶች፣

ስምንት የግርዛት ቀናት፣

ሰባቱ የሳምንት ቀናት፣

ስድስቱ የምሽና መጽሐፍት፣

አምስቱ ብሔረ ኦሪት፣

አራቱ እናቶች፣

ሦስቱ አባቶች፣

ሁለቱ የቃል ኪዳን ገበቶች፣

አንድ

በሰማይና በምድር ያለው

አምላካችን ነው።

שְׁלוֹשָׁה עָשָׂר מִי יוֹדֵעַ

שְׁלוֹשָׁה עָשָׂר אֲנִי יוֹדֵעַ

שְׁלוֹשָׁה עָשָׂר מִדַּיָּא

שְׁנֵים עָשָׂר שִׁבְטַיָּא

אַחַד עָשָׂר כּוֹכְבַיָּא

עֲשָׂרָה דִבְּרַיָּא

תִּשְׁעָה יַרְחֵי לֵדָה

שְׁמוֹנָה יְמֵי מִילָה

שִׁבְעָה יְמֵי שַׁבַּתָּא

שִׁשָּׁה סִדְרֵי מִשְׁנָה

חֲמִשָּׁה חֻמְשֵׁי תוֹרָה

אַרְבַּע אִמָּהוֹת

שְׁלוֹשָׁה אָבוֹת

שְׁנֵי לוּחוֹת הַבְּרִית

אֶחָד
אֱלֹהֵינוּ
שֶׁבַּשָּׁמַיִם וּבָאָרֶץ

አንዷት ግልገል፤ አንዷት ግልገል

አባቴ በሁለት ዙዝ የገዛት
አንዷት ግልገል   አንዷት ግልገል፤

ድመት መጥታ ግልገሊቱን በላቻት፤
አባቴ በሁለት ዙዝ የጋዛትን
አንዷት ግልገል   አንዷት ግልገል፤

ከዚያም ውሻ መጥቶ ድመት፤   ግልገሊቱን የነከሰውን
አባቴ በሁለት ዙዝ የገዛትን
አንዷት ግልገል፣   አንዷት ግልገል።

ከዛም በትር መጣ ውሻውንም መታ ድመቷን የነከሰውን፤
ግልገሊቱን የበላውን
አባቴ በሁለት ዙዝ የገዛትን
አንዷት ግልገል፣   አንዷት ግልገል።

ከዚያም እሳት መጣ በትሪቱን በላት፣   ውሻውን የመታውን አፉን የነከሰውን
ግልገሊቱን የበላውን፤
አባቴ በሁለት ዙዝ የገዛትን
አንዷት ግልገል፣   አንዷት ግልገል።

ከዚያም ውሃ መጥቶ እሳቱንም አጠፋው ብትሩን የበላውን ውሻን የመታውን፣
ድመቷን የነከሰውን፣   ግልገሊቱን የበላውን
አባቴ በሁለት ዙዝ የገዛትን፣
አንዷት ግልገል፣   አንዷት ግልገል።

חַד גַּדְיָא חַד גַּדְיָא

דִּזְבַן אַבָּא בִּתְרֵי זוּזֵי
חַד גַּדְיָא חַד גַּדְיָא

וַאֲתָא שׁוּנְרָא וְאָכְלָה לְגַדְיָא
דִּזְבַן אַבָּא בִּתְרֵי זוּזֵי
חַד גַּדְיָא חַד גַּדְיָא

וַאֲתָא כַלְבָּא וְנָשַׁךְ לְשׁוּנְרָא דְּאָכְלָה לְגַדְיָא
דִּזְבַן אַבָּא בִּתְרֵי זוּזֵי
חַד גַּדְיָא חַד גַּדְיָא

וַאֲתָא חֻטְרָא וְהִכָּה לְכַלְבָּא דְּנָשַׁךְ לְשׁוּנְרָא
דְּאָכְלָה לְגַדְיָא
דִּזְבַן אַבָּא בִּתְרֵי זוּזֵי
חַד גַּדְיָא חַד גַּדְיָא

וַאֲתָא נוּרָא וְשָׂרַף לְחֻטְרָא דְּהִכָּה לְכַלְבָּא
דְּנָשַׁךְ לְשׁוּנְרָא דְּאָכְלָה לְגַדְיָא
דִּזְבַן אַבָּא בִּתְרֵי זוּזֵי
חַד גַּדְיָא חַד גַּדְיָא

וַאֲתָא מַיָּא וְכָבָה לְנוּרָא דְּשָׂרַף לְחֻטְרָא דְּהִכָּה לְכַלְבָּא
דְּנָשַׁךְ לְשׁוּנְרָא דְּאָכְלָה לְגַדְיָא
דִּזְבַן אַבָּא בִּתְרֵי זוּזֵי
חַד גַּדְיָא חַד גַּדְיָא

ከዚያም በሬ መጣና ውሃውንም ጠጣ፤ እሳቱን ያጠፋውን፣ በትሪቱን የበላውን፣
ውሻውን የመታውን፣ ድመቷን የነከሰውን፣ ግልገሊቱን የበላውን፣
አባቴ በሁለት ዙዝ የገዛትን
አንዲት ግልገል፣ አንዲት ግልገል።

ከዚያም አራጅም መጣ በሬውንም አረደው፤ ውሃውን የጠጣውን፣
እሳቱን ያጠፋውን፣ በትሪቱን የበላውን፣ ውሻውን የመታውን፣
ድመቷን የነከሰውን፣ ግልገሊቱን የበላውን
አባቴ በሁለት ዙዝ የገዛትን
አንዲት ግልገል፣ አንዲት ግልገል።

ከዚያም የሞት መላአክም መጣ፤ አራጅም አረደ፤ በሬውን ያረደውን፣
ውሃውን የጠጣውን እሳቱን ያጠፋውን፣ በትሪቱን የበላውን፣
ውሻውን የመታውን፣ ድመቷን የነከሰውን፣ ግልገሊቱን የበላውን፣
አባቴ በሁለት ዙዝ የገዛትን
እንዲት ግልገል፣ አንዲት ግልገል።

ከዚያም እግዚአብሔርም መጣ፤ የሞት መላአኩንም አረደ፣
አራጁን ሰው ያረደውን፣ በሬውን ያረደውን፣
ውሃውን የጠጣውን እሳቱን ያጠፋውን፣ ብትሪቱን የበላውን፣
ውሻውን የመታውን፣ ድመቷን የነከሰውን፣ ግልገሊቱን የበላውን፣
አባቴ በሁለት ዙዝ የገዛትን

አንዲት ግልገል፣ አንዲት ግልገል።

በሚመጣው ዓመት በተገነባችው እየሩሳሌም!!!
በውጭ አገር በሁለተኛው ሌሊት ከዚህ ላይ ኦሜርን የመቁጠር ልምድ አላቸው።

ብሩክ አንተ እግዚአብሔር አምላካችን የዓለም ንጉሥ፤ በትእዛዛቶቹ የቀደሰን፣ ኦሜርን እንድንቆጥር ያዘዘን።
ዛሬ የኦሜር አቆጣጠር አንደኛው ቀን ነው

וַאֲתָא תוֹרָא   וְשָׁתָה לְמַיָּא   דְּכָבָה לְנוּרָא   דְּשָׂרַף לְחֻטְרָא
דְּהִכָּה לְכַלְבָּא   דְּנָשַׁךְ לְשׁוּנְרָא   דְּאָכְלָה לְגַדְיָא
דִּזְבַן אַבָּא בִּתְרֵי זוּזֵי
חַד גַּדְיָא   חַד גַּדְיָא

וַאֲתָא הַשּׁוֹחֵט   וְשָׁחַט לְתוֹרָא   דְּשָׁתָא לְמַיָּא   דְּכָבָה לְנוּרָא
דְּשָׂרַף לְחֻטְרָא   דְּהִכָּה לְכַלְבָּא   דְּנָשַׁךְ לְשׁוּנְרָא
דְּאָכְלָה לְגַדְיָא
דִּזְבַן אַבָּא בִּתְרֵי זוּזֵי
חַד גַּדְיָא   חַד גַּדְיָא

וַאֲתָא מַלְאַךְ הַמָּוֶת   וְשָׁחַט לְשׁוֹחֵט   דְּשָׁחַט לְתוֹרָא
דְּשָׁתָא לְמַיָּא   דְּכָבָה לְנוּרָא   דְּשָׂרַף לְחֻטְרָא
דְּהִכָּה לְכַלְבָּא   דְּנָשַׁךְ לְשׁוּנְרָא   דְּאָכְלָה לְגַדְיָא
דִּזְבַן אַבָּא בִּתְרֵי זוּזֵי
חַד גַּדְיָא   חַד גַּדְיָא

וַאֲתָא הַקָּדוֹשׁ בָּרוּךְ הוּא   וְשָׁחַט לְמַלְאַךְ הַמָּוֶת
דְּשָׁחַט לְשׁוֹחֵט   דְּשָׁחַט לְתוֹרָא   דְּשָׁתָא לְמַיָּא
דְּכָבָה לְנוּרָא   דְּשָׂרַף לְחֻטְרָא   דְּהִכָּה לְכַלְבָּא
דְּנָשַׁךְ לְשׁוּנְרָא   דְּאָכְלָה לְגַדְיָא
דִּזְבַן אַבָּא בִּתְרֵי זוּזֵי

חַד גַּדְיָא   חַד גַּדְיָא

בחוץ לארץ אומרים ספירת העומר בלילה השני של פסח:

בָּרוּךְ אַתָּה יהוה אֱלֹהֵינוּ מֶלֶךְ הָעוֹלָם
אֲשֶׁר קִדְּשָׁנוּ בְּמִצְוֹתָיו, וְצִוָּנוּ עַל סְפִירַת הָעֹמֶר.
הַיּוֹם יוֹם אֶחָד בָּעֹמֶר.

አባቶቻችን ነፍሳቸውን ይማርና እንዲህ ብለዋል፡-
እግዚአብሔር በግብፃዊያን ላይ በግብፅ ሲወርድ
ከእሱ ጋር ዘጠኝ ሺ አእላፋት ወረዱ
እነሱም የበረዶ መላአክ
የላበት መላአክ
የግለት መላአክ
የንዝፍዝፍ(የእንቅጥቅጥ) መላአክ
ለሚያቸው የግለት የንዝፍዝፍ(የእንቅጥቅጥ) መላአክት ይይዛቸዋል
በፊቱም እንዲህ አሉ፡-
ሃያሉ አምላክ
ሥጋ ለባሽ የሆነው ንጉስ ለጦርነት በሚወርድበት ጊዜ ባሪያዎቹና
ሚኒስትሮቹ ለክብሩ የሚያጅቡት አይደለምን፤ አንተ የነገስታቶች
ንጉስ በእኛ ላይ የምትፈርድ
እኛ ባሪያዎችህ፤ እነርሱ የቃል ኪዳንህ ልጆች
እኛ ወርድን ጦርነት እንግጠማቸው
እርሱም እንዲህ አላቸው፡-
እኔ ራሴ ካለወርድኩ አላርፍም
እኔ በክብሬ፤
እኔ በታላቅነቴ፤
እኔ በቅዱስነቴ፤
እኔ እግዚአብሔር ነኝ፤ እኔ ነኝ ሌላ አይደለም፡፡

אחרי "אני ולא אחר" (עמ' 45) יש מוסיפים:

אָמְרוּ רַבּוֹתֵינוּ זִכְרוֹנָם לִבְרָכָה:
כְּשֶׁיָּרַד הַקָּדוֹשׁ בָּרוּךְ הוּא עַל הַמִּצְרִיִּים בְּמִצְרַיִם,
יָרְדוּ עִמּוֹ תִּשְׁעַת אֲלָפִים וְרִבְבוֹת,
מֵהֶם מַלְאֲכֵי אֵשׁ,
וּמֵהֶם מַלְאֲכֵי בָּרָד,
וּמֵהֶם מַלְאֲכֵי זִיעַ,
וּמֵהֶם מַלְאֲכֵי רֶתֶת,
וּמֵהֶם מַלְאֲכֵי חַלְחָלָה,
וְרֶתֶת וְחַלְחָלָה אוֹחֶזֶת לְמִי שֶׁהוּא רוֹאֶה אוֹתָם,
אָמְרוּ לְפָנָיו:
רִבּוֹנוֹ שֶׁל עוֹלָם,
וַהֲלֹא מֶלֶךְ בָּשָׂר וָדָם כְּשֶׁהוּא יוֹרֵד לַמִּלְחָמָה שָׂרָיו וַעֲבָדָיו מַקִּיפִין בִּכְבוֹדוֹ,
וְאַתָּה מֶלֶךְ מַלְכֵי הַמְּלָכִים הַקָּדוֹשׁ בָּרוּךְ הוּא דַּיָּן עָלֵינוּ,
שֶׁאֲנַחְנוּ עֲבָדֶיךָ. וְהֵם בְּנֵי בְּרִיתֶךָ,
נֵרֵד וְנַעֲשֶׂה עִמָּם מִלְחָמָה,
אָמַר לָהֶם:
אֵין דַּעְתִּי מִתְקָרֶרֶת עַד שֶׁאֵרֵד אֲנִי בְּעַצְמִי,
אֲנִי בִּכְבוֹדִי,
אֲנִי בִּגְדֻלָּתִי,
אֲנִי בִּקְדֻשָּׁתִי,
אֲנִי יהוה אֲנִי הוּא וְלֹא אַחֵר.

ከየት ነው ሃብታ የሰጣቸው? እንደተባለው፡- ግብፃውያንን ይበዘብዛሉ ዓሣ የሌለው ጥልቅ ውሃ አደረጋቸው፡፡ ሌላው ነገር እህል የሌለው ጎተራ አደረጋቸው፡ ፡ በግብፅ ከተበዘበዙት ይልቅ ከባህሩ የተበዘበዙት ይበልጣል ተብሎ የተፃፈውን ለምን ወደደ? ነገር ግን በቤታቸው የነበረውን በግብፅ ወሰዱባቸው፤ በቤታቸው ተደብቆ የነበረውን በባህሩ ላይ ወሰዱባቸው፡፡ እናም እንዲህም አለ፡-

ከብር እንደ ተሠሩ እንደ ርግብ ክንፎች፥ ይህ የግብፅ ብዝበዛ ነው፡፡ በቅጠልያ ወርቅም እንደ ተለበጡ ላባዎችዋ ትሆናላችሁ። ይህ የባህሩ ብዝበዛ ነው፡፡

አንቺም አደግሽ ታላቅም ሆንሽ፥ ይህ የግብፅ ብዝበዛ ነው፡፡ በእጅጉም አጌጥሽ፤ ይህ የባህሩ ብዝበዛ ነው፡፡

ባለ ብር ጉብጉብ የሆነ እናደርግልሻለን፡፡ ይህ የባህሩ ብዝበዛ ነው፡፡ የወርቅ ጠልሰም ። ይህ የግብፅ ብዝበዛ ነው፡፡

ታማኞች ውዳሴን አዘጋጁ	ለእግዚአብሔር መስዋትን ሠዉ
ቁርባን ብላችኋል	ለእግዚአብሔር ፋሲካ ነው
በመዝሙር ድምፃቸውን ከፍ አደረጉ	በሌሊትም ተደሰቱ
ስለ ማጻውና ስለ መራራው ቅጠል	በሉ ወይንንም ጠጡ
ቁርባን ብላችኋል	ለእግዚአብሔር ፋሲካ ነው
የመጀመሪያዎች ሁሉ መጀመሪያ	በታማኞቹ ጎዳና አጠገብ
ወዲያው የሚመልስላቸው	ሕዝቦቹን አዳናቸው
ቁርባን ብላችኋል	ለእግዚአብሔር ፋሲካ ነው
የእግዚአብሔርን ታዕምራት አስታውስኩ	ደግነቱን ተረኩ
አሁን አወቅኩ	እግዚአብሔር ታላቅ መሆኑን
ቁርባን ብላችኋል	ለእግዚአብሔር ፋሲካ ነው
የሰማይ ከዋከብት	ምናሴና ኤፍሬም
ከግብፅ ወጡ	የእግዚአብሔር ሠራዊት ሁሉ
ቁርባን ብላችኋል	ለእግዚአብሔር ፋሲካ ነው
አራቱን አወረሳቸው	ለሕዝቦቹ ለምርጦቹ
ትዕዛዛቱን ጠባቂዎች	በእግዚአብሔር የሚያምን ሕዝብ
ቁርባን ብላችኋል	ለእግዚአብሔር ፋሲካ ነው
ድንቅ ስራዎችህ	ሃያል ታዕምራትህ
በአንተ የሚተማመኑ እንዲህ ይበሉ	በእግዚአብሔር መተማመን መልካም ነው፡፡
ቁርባን ብላችኋል	ለእግዚአብሔር ፋሲካ ነው

אחרי "ולא נתן לנו את ממונם – דיינו" (עמ' 55) יש מוסיפים מדרש זה:

וּמִנַּיִן שֶׁנָּתַן לָהֶם אֶת מָמוֹנָם? שֶׁנֶּאֱמַר: וַיְנַצְּלוּ אֶת־מִצְרָיִם. עֲשָׂאוּהָ כִּמְצוּלָה שמות יב
שֶׁאֵין בָּהּ דָּגִים. דָּבָר אַחֵר עֲשָׂאוּהָ כִּמְצוּדָה זוֹ שֶׁאֵין בָּהּ דָּגָן. לָמָּה מְחַבֵּב הַכָּתוּב
אֶת בִּזַּת הַיָּם יוֹתֵר מִבִּזַּת מִצְרַיִם? אֶלָּא מַה שֶּׁהָיָה בַּבָּתִּים נָטְלוּ בְּמִצְרַיִם, וּמַה
שֶּׁהָיָה בְּבָתֵּי תְּסוֹרִיּוֹת נָטְלוּ עַל הַיָּם. וְכֵן הוּא אוֹמֵר: כַּנְפֵי יוֹנָה נֶחְפָּה בַכֶּסֶף תהלים סח
– זוֹ בִּזַּת מִצְרַיִם, וְאֶבְרוֹתֶיהָ בִּירַקְרַק חָרוּץ – זוֹ בִּזַּת הַיָּם, וַתִּרְבִּי וַתִּגְדְּלִי – זוֹ יחזקאל טז
בִּזַּת מִצְרַיִם, וַתָּבֹאִי בַּעֲדִי עֲדָיִים – זוֹ בִּזַּת הַיָּם, תּוֹרֵי זָהָב נַעֲשֶׂה־לָּךְ – זוֹ בִּזַּת שיר השירים א
הַיָּם, עִם נְקֻדּוֹת הַכָּסֶף – זוֹ בִּזַּת מִצְרָיִם.

אחרי "ויקד העם וישתחוו" (עמ' 59) יש מוסיפים פיוט זה:

אֱמוּנִים עִרְכוּ שֶׁבַח לָאֵל וְטִבְחוּ טֶבַח
וַאֲמַרְתֶּם זֶבַח פֶּסַח הוּא לַיהוה
הָרִימוּ קוֹל שִׁירִים שִׂמְחוּ בְּלֵיל שִׁמּוּרִים
עַל מַצּוֹת וּמְרוֹרִים אִכְלוּ וּשְׁתוּ יֵינַי
וַאֲמַרְתֶּם זֶבַח פֶּסַח הוּא לַיהוה
רִאשׁוֹן לְכָל רִאשׁוֹנִים עַל יַד צִיר אֱמוּנִים
מִיַּד כָּל מְעַנִּים הִצִּיל כָּל הֲמוֹנַי
וַאֲמַרְתֶּם זֶבַח פֶּסַח הוּא לַיהוה
נִסֵּי אֵל זָכַרְתִּי וַחֲסָדָיו סִפַּרְתִּי
עַתָּה יָדַעְתִּי כִּי גָדוֹל יהוה
וַאֲמַרְתֶּם זֶבַח פֶּסַח הוּא לַיהוה
כְּכוֹכְבֵי הַשָּׁמַיִם מְנַשֶּׁה וְאֶפְרַיִם
יָצְאוּ מִמִּצְרַיִם כָּל צִבְאוֹת יהוה
וַאֲמַרְתֶּם זֶבַח פֶּסַח הוּא לַיהוה
הִנְחִיל תּוֹרָתוֹ לְעַמּוֹ וַעֲדָתוֹ
שׁוֹמְרֵי מִצְוָתוֹ עַם נוֹשַׁע בַּיהוה
וַאֲמַרְתֶּם זֶבַח פֶּסַח הוּא לַיהוה
נִפְלָאִים מַעֲשֶׂיךָ וַעֲצוּמִים נִסֶּיךָ
יֹאמְרוּ כָּל חוֹסֶיךָ טוֹב לַחֲסוֹת בַּיהוה
וַאֲמַרְתֶּם זֶבַח פֶּסַח הוּא לַיהוה

አንተ አባቶቻችንን ከግብፅ ምድር ታደጋቸው
አባቶቻችን በግብፅ ምድር ውስጥ በነበሩበት ጊዜ
ደግሞም ከዚያ እንደምድር አፈር በዙ
ፈርኦንም ስማቸውን ከምድር
ለማጥፋት ተናገረ
እርሱና ሕዝቡ በምክር ነበሩ
በከባድ ሥራ አስጨነቋቸው
የሸፉን ዘር ቀሰት ለበሰ
ሕያው ድምፃቸውን ሰማ
ሃቀኛው መልካሙ ከእነርሱ አሳደገ
በአንድ ላይ የሻዳይ
ታዕምራትን አሳይቸው
በኮሮቻቸውን ሁሉ ለሞት ሰጣቸው
ስለዚህ ትልቅ ጮኾት ሆነ
ወዳጆች ከባርነት ወደ ነጻነት ወጡ
በመልካም ጎዳና መራቸው
በበዛው መዕበሉ ባህሩን ዘጋ
ዓይናቸውን ወደ ሰማይ አነሱ
እግዚአብሔር ታዳጊያቸው
የሆኑት አፋቸውን ከፈቱ
የሕዝቡ ጠላት ሰረገላ ጮኸ
እግዚአብሔር የባህሩን ውሃ ከፈለ
ወዳጆች የጠላቶቻቸውን ሬሳ አዩ
ምስጋናና መዝሙር ዘመሩ
ምስጋና አድንቆት ወዳሴዎችን ተናገረ

በጸናች እጅ በተዘረጋችም ክንድ
በፈርኦን እጅ ይሰቃዩ ነበር
እንደለባኖስ ዘግባ እረዘሙ

በዓለም ላይ ትውስታቸውን ለማጥፋት
በእስራኤል ዘር ላይ ሚስጥር ተጠበቡባቸው
በትልቅ ጭንቀት አስጨነቋቸው
የጠላት እጅ በረታባቸው
የነገሥታቶችች ንጉስ አዳመጣቸው
ወዳጁ ሙሴን በነብይነት ላከ

የሃም ልጆች በተለያዩ ወረርሽኝ ተፈረደባቸው
የሆዳቸውን በኩር ለትልቅ ቸነፈር
ለቅሶና ምሾ በዙሪያቸው ሆነ
በነገዶች ሁሉ ውድቀት የለም
በበዛው ርህራሄው ከቀይ ባህር አደረሳቸው
ጠላት በብዙ ሃይሉ አሳደዳቸው
ከያዕቆብ አምላክ ርህራሄን ለመለመን

ለበዛው ታዕምራቱ ንጉሳቸውን አወደሱ
ጠላቱን ከጥልቁ ውስጥ ለመጣል
ለአባቶቻችን የማለውን ማሃላ ፈፀመ
ከባህሩ ዳርቻ ወደቀው
ሙሴ በአምላኩ ፊት
ታደጊዎችም በታዳጊያቸው ፊት አሉ

אחרי ברכת "אשר גאלנו" (עמ' 71) יש מוסיפים פיוט זה:

אַתָּה גָּאַלְתָּ אֶת אֲבוֹתֵינוּ מִמִּצְרַיִם   בְּיָד חֲזָקָה וּבִזְרֹעַ נְטוּיָה
בִּהְיוֹת אֲבוֹתֵינוּ בְּתוֹךְ מִצְרַיִם   הָיוּ מְעֻנִּים תַּחַת יַד פַּרְעֹה
גַּם שָׁם רָבוּ כַּעֲפַר הָאָרֶץ   וּכְאַרְזֵי הַלְּבָנוֹן גָּבְהוּ בְּקוֹמָה
דִּבֶּר פַּרְעֹה לִמְחוֹת אֶת שְׁמָם   וּלְהַאֲבִיד זִכְרָם מִקֶּרֶב תֵּבֵל
הוּא וְעַמּוֹ בְּעֵצָה הָיוּ   וַיִּתְחַכְּמוּ סוֹד עַל זֶרַע יִשְׂרָאֵל
וַיְמָרְרוּ אֶת חַיֵּיהֶם בְּפָרֶךְ   וּבְתַשְׁנִיק גָּדוֹל קָצְרָה רוּחָם
זֶרַע יְשֻׁרוּן אֲנָחָה לָבַשׁ   כִּי יַד אוֹיֵב גָּבְרָה עֲלֵיהֶם
חַי וְקַיָּם שָׁמַע קוֹלָם   מֶלֶךְ הַמְּלָכִים הֶאֱזִין לָהֶם
טוֹב וְיָשָׁר גִּדֵּל מֵהֶם   מֹשֶׁה יָדִיד בֶּחָזוֹן הָשְׁלַח
יָחַד הֶרְאָם בְּאוֹתוֹת שַׁדַּי   וּבְמִינֵי נְגָעִים שֶׁנִּשְׁפְּטוּ בְּנֵי חָם
כָּל בְּכוֹרֵיהֶם לַטֶּבַח מָסָר   רֵאשִׁית בִּטְנָם לַדֶּבֶר גָּדוֹל
לָכֵן נָפְלָה צְעָקָה בְּמִצְרַיִם   בְּכִי וּמִסְפֵּד בְּכָל חוּצוֹתֶיהָ
מֵעַבְדוּת לְחֵרוּת יָצְאוּ יְדִידִים   וְאֵין כּוֹשֵׁל בְּמִסְפַּר שְׁבָטִים
נִהֲגָם בְּטוּבוֹ צוּר עוֹלָמִים   וַיַּגִּיעֵם לְיַם סוּף בְּרַחֲמִים רַבִּים
סָגַר הַיָּם בַּהֲמוֹן גַּלָּיו   שׂוֹנֵא רָדַף בַּהֲמוֹן חֵילוֹ
עֵינֵיהֶם נָשְׂאוּ לַמָּרוֹם   לְבַקֵּשׁ רַחֲמִים מֵאֲבִיר יַעֲקֹב
פִּיהֶם פָּתְחוּ גְּאוּלֵי יהוה   וְשִׁבְּחוּ לְמַלְכָּם עַל רֹב נִפְלְאוֹתָיו
צָהַל רִכְבּוֹ בְּאוֹיְבֵי עַמּוֹ   לְהַשְׁלִיךְ שׂוֹנְאָיו אֶל תּוֹךְ מְצוּלָה
קָרַע יהוה אֶת מֵי הַיָּם   וְקִיֵּם שְׁבוּעָה שֶׁנִּשְׁבַּע לַאֲבוֹתֵינוּ
רָאוּ יְדִידִים בְּפִגְרֵי שׂוֹנְאֵיהֶם   שֶׁהֵם מֻטָּלִים עַל שְׂפַת הַיָּם
שִׁירָה וְזִמְרָה וְדִבְרֵי הַלֵּל   אָמַר מֹשֶׁה לִפְנֵי קוֹנוֹ
תְּהִלָּה וְתִפְאֶרֶת וְדִבְרֵי תִשְׁבָּחוֹת   אָמְרוּ פְּדוּיִים לִפְנֵי גוֹאֲלָם

קורן ירושלים